KB218457

말씀이 임하는 사람

큐티, 하나님이 다루시는 손길에 나를 맡기는 시간

말씀이 임하는 사람

초판 1쇄 인쇄 2021년 8월 18일
초판 1쇄 발행 2021년 8월 26일

지은이 구현우

발행인 백유미 조영석

발행처 (주)라온아시아
주소 서울특별시 서초구 효령로 34길 4, 프린스효령빌딩 5F

등록 2016년 7월 5일 제 2016-000141호
전화 070-7600-8230   **팩스** 070-4754-2473

값 14,500원
ISBN 979-11-91283-76-1 (03230)

passover는 독자 여러분의 소중한 원고를 기다리고 있습니다. (raonbook@raonasia.co.kr)

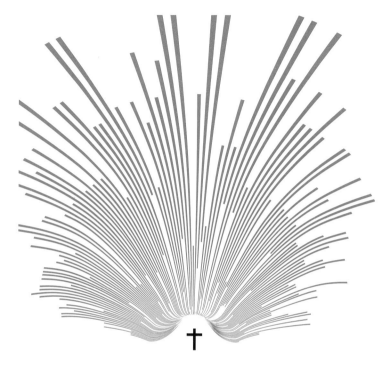

큐티, 하나님이 다루시는 손길에 나를 맡기는 시간

말씀이 임하는 사람

구현우 지음

passover

세상에서 가장 가깝고도 먼 거리가 바로 머리와 손발 사이의 거리입니다. 다양한 성경공부 교재와 프로그램을 통해 성경과 배경 지식에 관한 소소한 지식은 늘었지만, 말씀 앞에 단독자로 서서 인격적으로 변화된 경험과 사례는 우리에게 무척 생경합니다.

저자인 구현우 목사님은 오랫동안 '말씀이 삶이 되게 하는' 큐티 사역에 매진해오며 수많은 성도를 말씀 앞에 세우고 '말씀에 매여' 살아가도록 도운, 능력 있는 말씀 사역자입니다. 이 한 권의 책에는 다양한 세대와 성도들을 현장에서 섬기며 다져진 저자의 탁월한 감각과 말씀을 보는 눈, 목자 심정과 함께 말씀 앞에 먼저 서서 깨어져본 경험까지 전부 담겨 있습니다. 그리고 평소 간과해서 쉽게 찾지 못하는 부분까지 정확히 제시합니다.

힘겨운 시대를 지나며 영적인 빈곤함과 탈진을 경험한 우리를 일으켜 세워 "말씀이 임하는 인생"으로 살아가게 할 이 책을 기쁨으로 추천합니다.

박종렬 _ 조이어스교회 담임목사

우리는 코로나19 팬데믹이라는 거대한 폭풍 한가운데를 지나고 있습니다. 희망보다는 좌절과 암담함이 점점 커지는 것 같습니다. 특히, 코로나 시대가 어느 정도 마무리되면 말씀 앞에 꾸준히 서서 살아간 성도와 조금씩 멀어져간 성도 사이에는 영적 격차(Spiritual Divide)가 더욱 벌어지리라 예견합니다. 구현우 목사님은 이 책에서 큐티를 통해 믿음의 본질로 돌아가는 길을 강조합니다. 큐티를 통하여 믿음의 능력을 회복하면 누구든지 폭풍 속에서도 평화와 소망을 누리게 될 것입니다.

저자는 큐티를 단순한 '말씀 묵상'의 시간이 아닌, 우리를 하나님 앞에 세우고, 하나님의 관점과 안목을 갖춘 "말씀이 임한 사람"으로 살아가게 하는 시간으로 소개합니다. 성경의 어떤 본문을 만나더라도 말씀이 주는 위로와 능력을 경험하게 하는 큐티의 실제를 알차게 담았습니다. 이 책을 읽고 큐티의 과정을 이해하고 적용하면서 희망이 희박해진 시대에 하나님을 깊이 만나 위로와 용기를 덧입게 되길 바랍니다.

김창근 _ 무학교회 원로목사

자칫 큐티 방법만 강조하다 보면 딱딱하고 재미없는 책이 되기 쉽고, 간증만 내세우면 감동은 있지만 남는 게 없습니다. 구 목사님은 마치 친근한 개인 과외 선생처럼 큐티의 맥을 짚어 귀에 쏙쏙 들어오도록 가르쳐 줍니다. 우작경탄(牛嚼鯨呑)이라는 말이 있습니다. 독서 할 때는 소가 되새김질하듯 오래 씹는 정독(精讀)과 고래가 한 입에 삼키듯 다독(多讀)하는 것이 다 필요하다는 뜻입니다. 묵상은 이 정독과 다독의 균형을 맞추는 일이고, 또 그 속에서 내게 주시는 하나님의 말씀(레마)을 발견하는 과정입니다. 사랑하는 사람이 보내온 편지처럼 읽고 또 읽어 그 말씀이 곧 내 것이 되게 하는 일입니다. 이 책을 읽는 모든 독자가 큐티를 통해 이런 멋진 만남을 누리길 축복합니다.

안광국 _ 금호중앙교회 담임목사

코로나 펜데믹으로 기존의 패러다임들은 완전히 변했습니다. 학교 수업이 달라졌고, 직장생활이 변했으며, 일상이 확 바뀌었습니다. 신앙 생활의 패러다임도 예외가 아닙니다. 온라인 예배, 온라인 수련회, '생존심방'과 같은 새로운 방식의 교회문화가 자연스럽게 받아들여지고 있습니다.

지루했던 학교 생활이 얼마나 소중한 우리 일상이었는지, 당연하게 여기던 교회 생활이 얼마나 귀한 것인지를 알게 되었습니다. 또한, 그동안 신앙생활을 상당히 수동적으로 해왔음을 깨달았습니다. 그저 말씀을 귀 기울여 듣고, 찬양 몇 곡을 부르는 것으로 의무를 다했다고 생각한 적이 많았습니다.

구현우 목사님의 『말씀이 임하는 사람』은 이러한 상황에서 우리에게 거룩한 도전을 줍니다. 시험을 쳐보아야 실력을 제대로 알 수 있듯 위기 상황에서 비로소 믿음의 본모습을 목격합니다. 이 책을 통하여 하나님을 날마다 대면하고, 그 능력으로 살아가는 새로운 기회를 만나길 바랍니다. 누군가에게 의존하는 신앙이 아니라 신앙의 자립을 이루는 것이 얼마나 중요한가를 발견하게 될 것입니다.

김현철 _ 행복나눔교회 담임목사, 『메타버스 교회학교』 저자

오늘날 많은 설교와 신앙 서적, 성경공부가 넘쳐나지만 정작 환난과 위기를 만났을 때 나를 붙잡아줄 말씀이 없어 목말라하는 영혼들이 많습니다. 그래서 이 책의 제목처럼 하나님의 말씀이 내게 개인적으로 임하는 "말씀의 임재 체험"이 꼭 필요합니다. 누군가에게서 전해 들은 말씀이 아니라 하나님에게서 직접 들은 말씀이 결국 영혼을 건지는 강력한 힘이 됩니다.

이 책은 많은 큐티 관련 서적들 중에서도 단연 가장 쉽게 큐티의 본질과 실제를 알려줍니다. 큐티는 매일 하는 말씀 묵상 훈련인데, 매일 하려면 쉬워야 합니다. '나도 해볼 수 있겠다' 하는 자신감을 줄 수 있어야 합니다. 그런 차원에서 이 책은 모든 교회에서 큐티 교육 교재로 활용하기에도 아주 적합합니다. 초신자뿐만 아니라 말씀 묵상을 새롭게 하고 싶은 성도에게도 큰 유익을 줄 것입니다.

또한, 말씀 묵상의 모든 내용과 실제를 질의응답 형식으로 기록한 것도 눈에 띕니다. 사실, 묵상은 개인의 내적인 활동이 아니라 인격 간의 만남인데, 그런 특징 그대로 책 자체도 대화 형식으로 기록되어 있어서, 성도들이 큐티에 관해 궁금해하는 것들을 세심하게 짚어주고 답변해준 것이 참신했습니다.

구현우 목사님은 함께 청년 사역을 할 때부터, 내면과 삶이 일치하고 언어와 행동이 일치하는 신실한 하나님의 사람이었습니다. 이 책을 통해 많은 분이 말씀의 거울 앞에 서게 되리라 믿습니다.

이 상 준 _ 양재온누리교회 담당목사

원고를 읽어 내려가며 따뜻함을 느꼈다. 무거운 주제를 독자의 눈높이에 맞춰 일상의 언어로 전달하고자 하는 저자의 숨은 노력이 원고 곳곳에 묻어 있었기 때문이다. 이로 인해 말씀을 찾아가는 독자의 걸음은 가벼워진다. 이런 따뜻함은 책을 읽어가며 곧 놀라움으로 바뀐다. 뿌리는 깊고 줄기는 곧으며 가지는 풍성한 나무처럼 내용이 탄탄하기 때문이다. 큐티의 기초를 단단히 다지면서도 저자의 오랜 큐티 내공을 마음껏 누릴 수 있다. 묵상의 실례들은 큐티를 다양한 각도로 조명하면서도 군더더기가 없다.

살아갈수록 인생의 무게가 더해짐을 느낀다. 번번이 길을 잃어 길을 찾는 것도 여전한 숙제다. 양이 원래 그렇다. 그럴 때 양이 할 일은 길을 찾는 것이 아니라 목자를 찾는 것이다. 길은 목자가 찾아줄 테니 말이다. 이 책은 우리가 찾아야 할 목자에게로 가는 지름길이 되어줄 것이다.

김철진 _ 보스턴 온누리교회 담당목사, 전) 천만큐티운동 본부장이 책은 지금 시대에 공감할 수 있는 여러 큐티 실천법으로 독자를 깊은 말씀의 세계로 인도합니다. 현장감 있는 살아 있는 언어로 쓰였기에 누구나 쉽게 읽고 따라 할 수 있는 것이 큰 장점입니다. 실력 있고 인격적인 말씀 선생의 다정한 코치를 받으며 낯설고 힘든 신앙 여정을 함께 걸어가는 것 같은 친숙함을 느낄 것입니다.

긴 호흡으로 하나님과 말씀으로 동행하는 사람이 적은 시대이기에 이 책이 더 반갑습니다. 이 책을 읽는 분은 누구나 하나님 앞에 서서 그분의 언어를 배우고 그분의 길을 따르면서 그분의 세계관으로 변화되어 행복한 삶을 살아가게 될 것을 확신합니다.

배 정 훈 _ 장로회신학대학교 구약학 교수

성도는 말씀을 통해 매일 영적 노폐물을 비워내고 하나님의 말씀으로 채우는 사람이다. 그리고 영적으로 비움과 채움의 거룩한 선순환이 매일의 삶 속에서 이루어지는 것이 바로 '큐티'다.

우선 저자의 설명에는 구체적인 예시(例示)가 풍성하다. 큐티의 유익, 방법, 실제 등 단계마다 제시되는 풍성한 사례와 비유들은 독자의 이해를 돕는 친절한 안내자가 되어준다. 둘째로, 저자는 '질문의 중요성'을 강조한다. 역사의 위대한 발견들은 대부분 좋은 질문에서 시작되었다. 저자가 제안하는 여러 질문법(마르틴 루터의 3가지 질문법, SPACE 질문법 등)은 독자들이 성경 본문에서 무엇을 묻고 읽어야 할지를 안내한다. 이러한 질문들을 통해 독자는 성령께서 속삭여 알려주시는 그분의 섭시(囁示)를 경험하게 될 것이다. 셋째로, 저자는 말씀이 앎에서 멈추지 않고 삶을 관통해야 함을 강조한다. 저자는 말씀이 삶의 열매로 드러나는 현시(顯示)의 단계로 나아가도록 독자들을 도전한다.

구현우 목사의 『말씀이 임하는 사람』은 큐티를 통해 영적 소음이 가득한 세상에서 매일 하나님 말씀으로 채워지는 은혜의 삶으로 우리를 초청한다. 성도들은 이 거룩한 습관으로 세상을 이기는 능력을 얻게 될 것이다.

김 태 섭 _ 장로회신학대학교 신약학 교수

저자는 삶에 지친 성도들을 말씀으로 회복하는 일을 오랫동안 해 왔다. 쉽지만 명쾌한 언어로 조용한 아침 시간을 누리면서 하나님의 얼굴 앞에서 진실한 나를 마주하도록 이끈다. 큐티를 통해 말씀이 내 발에 등이 되고, 꿀보다 더 단 말씀으로 삶의 허기를 채우는 것을 깨닫게 한다. 이 책은 저자가 성도들과 수년간 함께 큐티하며 삶으로 경험한 내용을 기록한 큐티 교과서이다. 일상을 깊이 성찰하며, 날마다 진지하고도 창조적이며 풍성하게 살아가고 싶다면 이 책이 큰 도움이 될 것이다.

이 두 경 _ 장로회신학대학교 목회상담학 교수

하나님은 날마다 우리에게 말씀으로 다가오십니다. 말씀하시고, 말씀하시며 우리를 결국 말씀으로 변화시킵니다. 그러므로 내가 말씀을 잘 묵상해서 스스로 바꾸는 것이 아니라, 하나님이 말씀으로 나를 변화시켜 가는 과정이 말씀 묵상입니다. 그런 점에서 이 책이 말하는 '말씀이 임하는 사람' 관점은 말씀 묵상에서 놓치지 말아야 할 중요한 지점입니다. 팬데믹으로 이전처럼 함께 모여 말씀을 나누기는 힘든 상황이지만 하나님은 여전히 말씀으로 우리 삶 가운데 찾아오시고 임재하십니다. 이 책을 통해 다시 한번 자신의 말씀 묵상에 대해 살펴 '말씀이 임하는 사람'으로 세워지길 기대합니다.

박 동 진 _ 성서유니온선교회 북서울지부 총무목사

큐티는 나에게 임한 말씀을 통해 하나님께 나를 맞추는 훈련입니다

삶에서 폭풍을 만나면 우리가 가진 것이나 알고 있던 것이 십중팔구 도움이 되지 않습니다. 예상하지 못했던 어려움은 우리 소유나 지식이 얼마나 하찮고 깨어지기 쉬운지를 여실히 드러낼 뿐입니다. 그런 때는 인생의 잔재주나 능력이 아니라 하나님께 받은 말씀을 가지고 폭풍을 통과해야 합니다.

지난 2년 가까이 코로나 시기를 보내고, 최근에는 방역 최고 단계까지 경험하면서, 우리의 신앙적 일상은 상당히 느슨해졌습니다. 함께 모여 예배 드리는 것이 어색한 지경이 되었습니다. 오히려 '모이지 않기'를 독려하는 것이 사회를 향한 배려와 예배가 되는 아이러니도 겪고 있습니다. 함께 모여 찬양하고 기도하는 일이 더 이상 자유롭지 않은 시대를 살아갑니다. 예측 가능한 것이 점점 줄어들고 있기도 합니다.

성도와 교회는 이 시간을 어떻게 보내야 할까요?

바울이 우리에게 좋은 본을 보였습니다. 사도행전 27장에는 바울이 로마로 가는 여정이 나옵니다. 순항하던 배가 유라굴로라는 폭풍을 만나 2주간 표류합니다. 사람들은 살기 위해 물건을 버리기 시작합니다. 바울은 상선을 탔기에 값나가는 물건들도 많았을 것입니다. 하지만 생명을 쥐고 흔드는 폭풍우 앞에서는 그저 짐 덩어리일 뿐이었습니다. 항해의 달인이었던 선주와 선장의 연륜과 항해술도 도움이 되지 못했습니다. 그들이 컨트롤할 수 있는 범위를 넘어서는 일이었습니다. 이제 죽음을 기정사실로 받아들이고 있을 때 바울은 말합니다.

> [22] 내가 너희를 권하노니 이제는 안심하라 너희 중 아무도 생명에는 아무런 손상이 없겠고 오직 배뿐이리라 [23] 내가 속한 바 곧 내가 섬기는 하나님의 사자가 어제 밤에 내 곁에 서서 말하되 [24] 바울아 두려워하지 말라 네가 가이사 앞에 서야 하겠고 또 하나님께서 너와 함께 항해하는 자를 다 네게 주셨다 하였으니 [25] 그러므로 여러분이여 안심하라 나는 내게 말씀하신 그대로 되리라고 하나님을 믿노라(행 27:22-25).

겉으로 보면 바울은 단지 죄수 중 한 명이었고, 그에게는 이 상황에 도움이 될 만한 아무것도 없었습니다. 하지만 바울은 배 안에 있는 사람들을 안심시키고, 모두가 살아날 것이라고 담대하게 말합니다. 그렇게 확신했던 것은 폭풍 중에 말씀하시는 하나님을 만났기 때문이었습니다. 그에게 임한 하나님의 말씀 덕분이었습니다. 그리고 2주가 지났을 때, 육지가 가까워지자 사람들은 남은 음식을 먹고 힘을 냅니다. 바울의 말대로 모두 생명에 지장 없이 멜리데 섬에 도착합니다.

평소에는 잘 드러나지 않습니다. 하지만 생사를 넘나드는 결정적 순간이 되면, 하나님의 말씀이 임한 자들은 다른 삶을 살아갑니다. 그들은 어디에 있든지 그 자리에서 빛이 납니다. 소유와 타고난 재능이 아닌, 우리에게 임한 하나님 말씀이 혼돈의 시간을 뚫고 나갈 힘을 주기 때문입니다.

제가 이 책에서 강조하는 '큐티'는 '말씀 묵상'의 차원을 넘어섭니다. 그것은 우리를 하나님 앞에 세워주고, 하나님의 관점(안목)을 갖게 하며, 하나님 권능의 상징인 "말씀이 임한 사람"이 되게 하는 시간입니다. 저는 큐티(Quiet Time)를 "말씀이 임하고, 그 임한 말씀으로 살아갈 준비를 하는 시간"이라고 생각합니다.

매일 직접 하나님 말씀과 대면하며, 그 앞에서 시간을 보내면서 "말씀의 힘"을 영혼에 축적한 사람과 그렇지 않은 사람은 큰 차이를 보입니다. 특히 코로나 기간을 지나면서 이 둘 사이의 차이가 더욱 벌어지고 있습니다. 말씀에서 더욱 깊어지고 견고해지며 영적인 용사가 되어 가는 성도도 있지만, 형식적인 종교생활과 그마저도 느슨해진 틈을 타서 그저 '마당만 밟는 신자'가 되기도 합니다. 저는 이 영적 격차(Spiritual Divide)가 앞으로 교회다움을 회복하는 데 있어 큰 어려움으로 작용할 것으로 생각합니다. 교회 전체의 기초 체력이 많이 약해졌습니다.

코로나 시대가 고난의 시간인 것은 맞지만, 오히려 우리가 근본적으로 누구에게 영향을 받아 신앙의 본질을 유지하고 있는지를 잘 드러내주었다는 생각이 듭니다. 내가 사람과 보이는 제도에 영향을 주로 받아왔는지 아니면 하나님 말씀에 이끌려 살아왔는지 이 기간을 통해 명확하게 드러내시는 것 같습니다. 스스로 말씀의 사람이라고 생각했는데, 돌이켜보니 말씀 앞에 홀로 서 있었던 적이 많지 않았던 미숙한 신앙인이라는 것을 깨닫게 하셨습니다.

이 책에 담긴 내용은 제가 섬기는 교회에서 연초에 6주간 특강을 진행하면서 나누었던 내용을 정리한 것입니다. 지난 20년 동안 목회를 하면서 진행한 큐티 강의와 훈련, 삶의 경험, 교회 사역을 통한 깨달음 등이 쌓인 것이기도 합니다. 당시 대학 청년부를 담당하시던 박종렬, 김평래 목사님과 천만큐티운동본부를 섬기시던 이상준, 김철진, 안광국 목사님 같은 분들에게 배운 탁월한 강의에, 시간이 지나면서 추가하게 된 내용을 조금씩 더했습니다.

선배 목회자들께 배웠던 내용 중에서 가장 중요한 것은 "말씀을 대하는 태도"에 관한 것이었습니다. 기록된 성경을 살아계신 하나님의 말씀으로 대할 때, 운동력이 있는 말씀을 통해 하나님께서 친히 응답하신다는 것이었습니다. 신앙의 성장과 성숙의 선순환이 일어나는 지점이기도 합니다.

단지 좋은 설교를 찾아 많이 듣는다고 그 말씀이 마음에 새겨지는 게 아닙니다. 말씀을 주체적으로 읽고, 묵상하고, 실천의 노력을 하는 과정이 창조적으로 선순환하면서 우리 삶에 흔적을 남기고, 그 흔적이 쌓여야 단단한 신앙이 됩니다. 저는 이 큐티의 과정을 누구나 실천할 수 있도록 쉽게 설명하려고 했습니다. 특강의 현장감을 살리면서도 깊이를 더하기 위해 구어체 그대로 실었습니다. 자연스럽게 큐티의 전 과정을 소화할 수 있게 하여 큐티하는 즐거움을 누리고, 말씀을 보는 눈을 열어 드리고자 했습니다. 정교한 이론서라기보다는 실천서에 가깝습니다.

세상이 아무리 우리를 흔들어도, 말씀이 견고하게 세우실 것입니다. 이런 "말씀의 사람들"이 더욱 많아지길 기대합니다. 이 책을 집어든 여러분도 그런 분이 되시기를 축복합니다. 지금까지 이렇게 하지 못했다면, 이제부터라도 도전해보면 좋겠습니다.

구현우

차례

5장

큐티의 완성

1장

보고 느끼는
세계가 바뀌다

우리가
찾기 전에
먼저 와 계신다

짜장면 좋아하시죠? 이걸 중국집에 가서 먹는 게 더 맛있나요, 집에서 배달해 먹는 게 맛있나요? 음식점에 가서 주방에서 바로 나온 거 비벼서 먹는 것이 맛있습니다. 똑같은 짜장면인데 맛이 달라요.
밥은요? 방금 지은 밥이 더 맛있나요, 아니면 하루 이틀 지난 밥인가요? 똑같은 밥인데 다르죠?
사람들은 대부분 그 자리에서 바로 나온 거, 방금 막 만든 것을 좋아합니다. 똑같은 것을 먹더라도 맛이 확실히 다르니까요.

많은 사람은 이렇게 말합니다.
"음악회, 집에서 보는 것보다 현장에 가서 보면 달라."

당연히 다르죠. 보고 듣고 느끼는 차원이 다르니까요. 현장 분위기도 좌우하고요. 광활한 자연도 화면으로 보는 것과 실제로 가서 피부로 느끼는 것은 천지 차이입니다.

그런데요, 하나님은 그렇지 않아요.
우리의 평소 경험과는 다른 접근이 필요합니다.
"나는 알파와 오메가라 이제도 있고 전에도 있었고 장차 올 자요 전능한 자라"(계 1:8).
"내가 세상 끝날까지 너희와 항상 함께 있으리라"(마 28:20).
내가 어디 있든지 우리는 똑같은 하나님 앞에 섭니다.
많은 사람이 함께 모여 있는 자리에서 경험하는 하나님보다
어쩌면 골방에서 혼자 경험하는 하나님이 각자에게 더 깊고, 더 넓고, 더 위대하게 다가올 수 있는 이유가 여기 있어요.

특히 코로나 팬데믹 기간에 모일 기회가 많이 줄었잖아요. 부득이하게 그럴 수 없는 상황이었습니다.
괜찮아요. 잠시 모이지 못했어도 괜찮습니다.
내가 어디 있든지 상관없이 하나님이 나와 함께 계시기 때문입니다.

그런데 우리는 어떤가요?
네, 하나님의 부재를 느끼죠. 그래서 우리는 가끔 이렇게 말해요.
"하나님, 대체 어디 계십니까?"

이런 질문을 많이 하죠? 이유가 있어요. 실제로 그런 '살가운' 느낌이 없으니까요.

우리가 공동체로 모이면 그런 느낌도 많이 받고

친해지고 가까워지잖아요?

우리가 연습해야 하는 건, 모였을 때 느꼈던
그 생생한 현장감이 경험의 전부가 되어
나를 좌지우지하지 않도록,
그 현장감이 나를 지배하지 않도록 하는 것입니다.
가령, 우리가 성경을 읽으면서 부러운 게 있지요. 구약성경에 나오는 사람들은 다 하나님께 여쭙고 음성을 듣고… 그런 거를 해요.
최초의 사람 아담도 "하나님과 동행하였다"라고 하잖아요?
하나님이 모세에게 직접 말씀하시고, 모세는 거기에 대답해요. 우리는 그런 게 부러운 거예요.

맞아요. 자꾸만 그런 경험을 다른 사람과 비교하게 되고,
내가 만난 하나님이 낯설게 느껴질 때가 종종 있어요.

그러나 하나님은 꼭 그런 방식으로만 일하시는 분이 아니지요. 하나님을 직접 뵙고 그 음성을 들었던 모세도 있었지만, 신약 성경에 기록된 많은 하나님의 사람은 하나님을 대면해 본 적이 없습니다.

하지만 그들은 자기의 생각과 인생을 복음에 복종시킵니다.

이상하죠?

성경을 읽는다는 것은 이렇게 신약 시대 성도들이 했던 대로, 그들이 하나님을 만났던 방식대로 해보는 거예요. 이제 본격적으로 큐티에 관해 나누기 전에 먼저 할 일이 있어요. 우리 인식 수준을 점검하는 일이 필요합니다.

내가 하나님 앞에 가기 전에 하나님이 우리에게 오십니다.

내가 주님을 찾기 전에 하나님은 이미 우리 옆에 계시는 거죠.

이 인식이 우리에게 중요합니다. 이게 큐티의 출발점입니다.

지금은 성전이 없는 시대입니다. 즉, 제사라는 것이 없습니다. 동물을 잡아 피 흘리고 태워 드리는 게 없기 때문에 성전이 더 이상 필요 없죠. 대신에 하나님은 우리에게 교회를 허락해주셨습니다.

구약 시대와 신약 초기, 예루살렘 성전이 무너지기 전까지 사람들은 성전에 가야 했어요. 그래야 하나님을 만나는 것으로 생각했죠. 그런데 지금은 어때요? 예배당에 오지 않아도 됩니다. 교회 건물에서 모이지 못해도, 내가 있는 그 자리에서 하나님을 만날 수 있어요. 교회는 바로 우리이기 때문입니다.

우리가 이걸 한동안 잊고 살았어요. 코로나 기간, 하나님이 우리에게 그걸 가르쳐주시는 거죠.

큐티는 내가 하나님의 말씀을 읽는 거예요.

그리고 내가 질문하는 거고요. 내가 다 하는 거예요.

내가 질문할 때 대답해주시는 하나님을 경험합니다.

내가 있는 자리가 하나님이 계시는 현장이 되도록 만드는 것….

이것이 큐티에서 가장 중요한 포인트입니다.

그래서 예배당에서 성경 보고 교제하는 게 아니라 우리 집 식탁 위에서 혹은 내 책상 위에서, 소파 위에서, 기도 자리에서 하나님을 만나는 설렘을 경험하는 것이 핵심입니다. 그렇게 해서 내가 주님의 말씀을 펴고 매일 말씀을 읽을 때 그 자리에서 경험한 하나님을 내가 느끼고 발견하고 그날 주신 말씀을 따라 그렇게 살아보려고 노력하는 게 필요합니다.

큐티가 단순히 조용히 앉아서 말씀 묵상하는 것인 줄로만 알았는데, 이렇게 깊은 의미가 담겨 있었네요. 특히 현장감에 과도하게 사로잡히면 안 된다는 조언이 좀 새롭게 다가왔습니다.

인생길에
빛이 필요한
순간

큐티의 역할에 관한 기가 막힌 비유를 그림 언어로 소개하는 구절이 있습니다. 시편 119편 105절을 같이 볼까요?
"주의 말씀은 내 발에 등이요, 내 길에 빛이니이다."

주님의 말씀이 내 길에 빛이 된다고 하셨습니다. 왜 등과 빛이 필요하죠? 내가 걷는 길이 어둡기 때문입니다.
내 인생길을 걷는 동안
내 인생길이 어두워지는 순간,
내 인생의 길에 빛이 필요한 순간이 온다는 의미입니다.
그럴 때 사람들은 어떻게 합니까?

갑자기 불이 나가면 안 보이니까 어떻게 하지요?

헤매게 되죠. 길을 찾고 싶은데 보이지 않으니 헤맵니다.

우리 인생에도 어느 순간에 갑자기 어두움이 찾아옵니다. 미래가 불투명하고, 그래서 무엇을 선택해야 할지 모르는 때가 옵니다. 그럴 때 사람들은 두 가지 반응을 보입니다.

먼저는 복지부동하는 사람. 뭘 어떻게 해야 할지 모르니까요.

또 하나는 열심히 길을 찾는 사람. 보이지도 않는데 무작정 무언가를 찾습니다. 그러다가 돌부리에 걸려 넘어지거나 실족해서 다치기도 하지요.

방황하는 사람이 훨씬 많습니다. 갈 길이 안 보이니까요. 방황은 그래도 괜찮습니다. 끝이 있거든요. 제대로 된 길을 찾으면 그 방황은 끝납니다. 그게 방랑이 되면 골치 아파집니다. 방랑은 끝을 볼 수 없기 때문입니다. 하지만 말씀의 빛이 비추면 방황은 끝이 납니다.

무엇을 선택해야 할지 잘 모를 때

즉, 어느 방향으로 가고, 무엇을 해야 할지 모를 때

그때 성도와 교회는 무엇을 해야 할까요?

보이는 사람, 보이는 리더가 아니라

보이지 않는 하나님, 그 하나님을

구체적으로 만나고 경험하는 방식을

말씀을 읽어가며 영혼에 새겨넣는 연습을 해야 합니다.

하나님의 말씀은 살아 있고 운동력이 있다고 하셨어요.
그래서 말씀을 읽을 때
우리 속사람은 반응합니다.
말씀은 때로는 치료제가 되기도 하고,
때로는 위로제가,
때로는 진통제가 되기도 해요.

말씀 읽기는 성도와 교회에 가장 중요한 일입니다.
이것을 평생에 걸쳐서 하셔야 해요.
앞으로 소개할 다양한 큐티의 방법은 그 중요성에 눈뜨게 하고
디테일한 과정까지 안내할 것입니다.

이 땅에서
있을 때만
누리는 특권

속초에 가면 유명한 것이 많습니다. 오징어순대, 씨앗호떡, 아바이
순대, 대포항 새우튀김 같은 거요.
아주머니가 뭐라고 해요?
"서울 가면 없어요. 많이 먹고 가."

사실, 성경을 읽는다는 것은 우리가 이 땅에서 살아 있는 동안에만
누리는 특권이에요. 본향에 가면 안 해도 되는 것일 수 있거든요.
마치 가나안에 들어서자 하늘에서 내렸던 만나가 그친 것처럼요.

천국에는 성경이 있을까요? 물론 그럴 수도 있겠지만 저는 성경이

필요 없는 곳이라고 생각해요. 왜일까요? 거기에는 말씀이 육신이 되어 이 땅에 오신 주님이 계시니까요. 예수 그리스도가 하나님 나라의 주인이시잖아요? 그분이 계시는 곳에서 기록된 성경이 필요할까요?

그러므로 잘 생각해야 해요.
성경을 읽는다는 것은 오늘날 우리에게 주어진 커다란 특권입니다.
성경은 이 땅에서만 볼 수 있는 것이기 때문입니다.

왜 성경을 읽어야 하는가?
왜 성경을 가까이해야 하는가?
왜 기록된 하나님 말씀, 선포된 하나님의 말씀을 가까이하고 듣고 읽어야 할까요? 그것은 여기서만 경험할 수 있는 특권이기 때문입니다. 이 특별한 경험을 통해 개인적으로 하나님과 가장 가까워지는 방법이 바로 큐티입니다

큐티를 그렇게까지 생각해보진 못했네요. 정말 천국에 갔을 때는 완전히 다른 세계, 다른 경험을 하게 될 테니, 오늘 말씀 앞에 서본 30분이 참 귀하게 느껴집니다.

교회가 더 이상 매력적이지 않을 때

바울은 빛으로 찾아오신 예수님을 만납니다. 그 전에 바울은 랍비들의 랍비였던 가말리엘의 수제자였습니다(행 22:3). 가말리엘 바로 옆에서, 특별히 더 엄격한 율법 훈련을 받았습니다. 그만큼 그의 대를 이을 준비를 했고, 성경을 아는 지식에 해박했어요.

또 그는 바리새인 중의 바리새인이었습니다. 그 시대의 바리새인은 사람들에게 사랑받고 존경받으며 살았어요. 하나님의 말씀을 잘 알고, 거기에 따라 살려고 애쓴다고 사람들에게 많이 인정받았습니다.

그런데 이렇게 대단했던 그가 변화의 필요성을 절감합니다.

성숙이 필요함을 깨닫습니다. 예수님을 만나고 나서요.

그리고 바울은 바리새인들에게 가장 위험한 인물이 되었습니다.

목회자나 리더들은 더욱 이걸 기억해야 합니다. 교회 공동체를 힘들게 하는 사람을 한자리에 모은다면 누가 가장 많을까요? 저와 같은 목회자들이에요.

또 있습니다. 교회에서 영향력이 큰 사람일수록 자기도 모르게 교회를 병들게 한 경우가 많아요.

가령, 이제 막 예수를 믿기 시작한 성도들보다는 집사들의 모임이 훨씬 더 좋아야 하겠죠? 더 영적이고, 따뜻하며, 넓고 깊어야 하겠죠? 그리고 이 집사 모임보다는 권사와 장로의 모임이 조금 더 깊고 따뜻해야겠죠?

일평생을 하나님 앞에 헌신해서 뭔가를 해보겠다고 다짐하고 교회를 섬기는 길을 선택한 목회자는 어떠해야 할까요?

근데 현실은 어떤가요? 이상하죠? 이게 다 리더가 잘못한 거예요.

성장을 추구하다가 성숙을 놓친 탓입니다.

성숙이 없으니까 변화해야 하는데, 변질이 된 거예요.

이런 리더들 때문에 속상해서 다른 교회를 찾아다니는 분들과 아예 교회를 떠난 분이 굉장히 많이 늘었어요. 최근에는 거의 200만 명 정도로 추산되는 신앙인이 교회를 나오지 않는다고 해요. '가나안'(안나가) 성도라고 불리는 분들이죠.

신앙이 없던 분들이 아니예요. 오히려 개인적으로 보면 신앙이 깊은 분들이 꽤 있어요. 전부는 아니지만 상당히 그래요.

왜 그런 일이 생겼을까요? 속상해요.

앞에서도 말했지만, 우리가 변화와 성숙을 포기해서 그래요. 교회가, 교회에서 내는 메시지가 더 이상 매력적이지 않은 거예요. 자기 인생을 걸 만한, 자기 생명을 드릴 만한, 희생할 만한 그런 수준으로 느껴지지 않는 거죠.
'이 정도면 됐어.' 여기서 멈춰서 그런 거예요. 집사이기 전에, 권사이기 전에, 장로이기 전에 전도사와 목사이기 전에 우리는 사람입니다. 인간이에요.
누군가가 존경받을 만한 인격과 삶을 지녔다면 직분과 상관없이 공동체 안에서 그분을 사랑하고 존중하겠지요? 그런데 저분은 장로니까, 권사니까, 집사니까, 목사니까… 그것 때문에 하는 경우가 많아졌습니다.

하나님은 이런 현상을 그대로 두시지 않으실 겁니다.
하나님은 자기 백성을 포기하는 법이 없으니까요.

하나님 입장에
서게 해주는
시간

말씀 묵상이 중요한 이유가 있어요. 말씀을 끊임없이 묵상할수록 우리는 결국 누구의 입장에 서게 되나요? 하나님의 입장입니다.

하나님 입장에서 나를 보고, 하나님 입장에서 그를 보고 하나님 입장에서 교회를 보는 거예요. 그 관점을 가져야만 내 인생 방향이 제대로 수정돼요. 그래야만 내 삶을 통해 모래 위가 아니라 반석 위에 아름다운 집을 지을 수 있습니다.

이것을 절대로 놓치지 마십시오

예배 잘 드리면 잘하고 있는 거예요. 그런데 예배만 드리는 인생이라면 잘못하는 겁니다. 기도하는 삶을 산다면 정말 잘하는 거예요.

그런데 기도만 하는 삶이라면 참 곤란합니다. 교회에 헌신해서 충성되게 섬기는 것도 칭찬받을 만한 일입니다. 그런데 그것을 예배당 안에서만 하면 잘못하는 거예요. 그 마음과 행동이 집에서도 이어져야 합니다. 회사와 가정, 학교에서도 그렇게 해야 합니다. 하나님 앞에서 살아가는 모든 영역에서 해야 하는 것이죠.

그게 우리가 부르심을 받은 이유,
우리가 큐티를 하는 이유,
말씀 묵상을 하는 이유입니다.

하나님 믿는 사람은 많은데
하나님 '닮은' 사람을 보신 적 있으세요?
그런 사람을 본 적 있다면 복받은 인생입니다.
그런 사람을 옆에 두고 만났다는 건 정말 큰 행복이에요.

교회를 사랑한다는 것과 하나님을 사랑한다는 것을 동일 선상에 놓지 마세요. 절대 같은 게 아니에요. 교회를 사랑하고 섬기지만 하나님을 사랑하고 섬기는 것이 아닌 경우가 있어요. '선한 사마리아인' 비유에 나온 제사장과 레위인이 그런 거죠. 하나님은 열심히 사랑하는데 사람에게는 아닌 거예요. 일은 열심히 잘하는데 사람에게는 아닌 거죠.

기억하셔야 해요. 교회 안에서 좀 못해도 괜찮습니다. 어느 정도 용인해주고, 봐줄 마음이 있는 분들이 많으니까요. 그러면 우리가 잘해야 하는 데는 어디일까요? 교회 밖이에요. 교회 밖에서 잘하기 위해 우리가 말씀 묵상을 잘해야 합니다.

예수님이 성전 안에 오셔서 성전을 청소하셨지요.
있어선 안 될 것이 있어서 그러셨죠.
내 마음도 마찬가지입니다.

마음에 묵상하는 게 내가 됩니다.
마음에 담는 게 내가 되는 거예요.
그러면 내 마음에 무엇을 담아야 할까요?
하나님을 담고 하나님의 말씀을 담고
하나님의 마음을 담아야 하지 않을까요?
그렇게 해서 하나님을 닮아야 하지 않을까요?

이렇게 되려고 날마다 마음에 주님의 말씀을 양식으로 채워넣는 것입니다.

자동차에 기름 가득 넣으면 한 500킬로미터 정도 가지요. 기름이 떨어지면 또 넣어야 해요. 마찬가지입니다. 충만한 은혜를 받았다고 끝이 아니에요. 절대 아닙니다. 그렇게 받은 은혜는 결코 시간을 이기지 못합니다. 얼마나 떨어져 있는가를 매일 살피며 계속 채워 넣어야 하는 거죠.

가장 쉽고 매일 할 수 있는 방법이 정해진 본문을 일정한 시간과 장소를 구별해서 읽고 묵상한 다음, 본문이 오늘 나에게 이야기하는 것을 종일 생각하면서 실천해보는 겁니다.

예수님을 닮는 건 한순간에 은혜로 되지 않습니다. 그렇게 매일 말씀으로 내면을 채워가며 부단히 청소를 해나갈 때 어느 순간에 다른 누군가가 나를 보고 '아, 저 사람은 주님을 닮았다' 이렇게 자연스럽게 느끼는 거예요. 내가 그렇게 생각한다고 되는 게 아닙니다. 누군가가 나를 보고 그렇게 얘기해주어야 합니다.

우리는 그렇게 되도록 부름받았습니다.

2장

하나님의 마음을
읽는 연습

하나님의
시간표에 나를
맞추는 훈련

큐티(Quite Time)란 무엇입니까?

좀 딱딱하지만, 큐티의 일반적인 정의를 한번 보겠습니다.

큐티는 매일 조용한 시간과 장소를 정하여

하나님을 개인적으로 만나는 시간으로,

성경말씀을 통하여

나를 향하신 하나님 말씀을 듣고 묵상하며

삶에 적용함으로써

삶의 변화와 성숙을 이루고자 하는 경건 훈련입니다.

(출처:《큐티세미나; 초급반 교재》, 천만큐티운동본부, 두란노, 2010)

이 정의에서 가장 뒤에 나오는 단어가 무엇인가요?

네, '훈련'입니다. 한 번 따라해보세요.

"큐티는 훈련입니다."

제일 필요한 건데, 제일 안 되는 것이기도 합니다.

예수님 당시만 해도 성경은 굉장히 귀한 책이었어요. 필사본이 많지 않았습니다. 15세기에 인쇄술이 발달하기 전에 필사자들이 만든 성경은 대략 3억 정도 한다고 합니다.

그런데 우리는 핸드폰에 여러 권의 성경을 공짜로 담아놓고 다니죠? 서점에서는 3만 원 정도면 최고급 성경을 구입할 수 있습니다. 이처럼 성경이 가장 많이 배포된 시대를 살아갑니다. 하지만 성경을 가장 읽지 않는 시대이기도 합니다.

당시에는 성경이 그토록 귀했기 때문에 어디에 넣었을까요? 네, 머릿속에 넣었습니다. 특히 유대인은 토라라고 부르는 창세기, 출애굽기, 레위기, 민수기, 신명기를 머리와 마음속에 전부 집어넣었죠. 그걸 다 외우고 다녔습니다.

우리 중에 말씀을 100구절 이상 자유자재로 암송하는 분이 얼마나 될까 궁금합니다. 내가 좋아하는 말씀은 있지만 늘 가까이 하면서, 읽고 외우는 것은 잘 하지 않아요. 가장 편하게, 쉽고 풍성하게 성경을 읽고 접할 기회가 주어졌지만 역설적으로 성경을 가장 읽지 않는 시대가 된 거예요.

이것을 곰곰히 생각해봐야 합니다.

출애굽 이후에 하나님이 가장 먼저 하신 일은 불 기둥과 구름 기둥으로 당신의 백성을 안전하게 보호해주신 것입니다. "여호와께서 그들 앞에서 가시며 낮에는 구름 기둥으로 그들의 길을 인도하시고 밤에는 불 기둥을 그들에게 비추사 낮이나 밤이나 진행하게 하시니 낮에는 구름 기둥, 밤에는 불 기둥이 백성 앞에서 떠나지 아니하니라"(출 13:21-22).

낮에는 더우니까 구름 기둥으로 그늘을 만들어주셨고 밤에는 서늘하고 추우니까 불 기둥으로 따뜻하게 해주셨죠. 그래서 불 기둥, 구름 기둥 하면 하나님의 은혜와 보호하심이 생각나죠.

그런데 이 구름 기둥, 불 기둥 이야기가 큐티와 어떻게 연관되는 건가요?

예, 좋은 질문이에요. 이제부터 할 이야기는 큐티의 본질에 대한 설명이 될 텐데, 연관해서 잘 기억해두세요.

이스라엘 민족이 애굽에서 종살이를 하다가 드디어 출애굽해서 자유인이 되었어요. 자, 우리가 지금 종살이에서 풀려난 유대인이라고 합시다. 목적지까지 빨리 가고 싶을까요, 천천히 쉬엄쉬엄 가도 상관없을까요? 다 빨리 가고 싶겠지요.

그런데 출애굽기 이후, 특히 광야 시기를 살펴보면 하나님은 빨리 이동하지 않으십니다. 천천히 가요. 그래서 시내산까지 가서 1년 이상 보내고요. 또 거기서 가데스바네아까지 시간이 오래 걸리고, 그런 식으로 광야에서 40년을 보내게 하시죠.

우리도 한번 불 붙을 때 밀어붙여 일해야 좋은 결과를 내는 것을 압니다. "쇠뿔도 단김에 빼라." 타이밍이 굉장히 중요한 걸 알지요.

하지만 당시에 구름 기둥이 안 움직였다면 사람들이 무엇을 할 수 있었을까요? 하나님이 보호하고 계심을 알았지만 앞으로 나아갈 수는 없었어요. 불 기둥이 안 움직이면 어떻게 됐을까요? 따뜻한 밤은 보내겠지만 못 가는 거죠.

하나님은 이 구름 기둥과 불 기둥을 사람들에게 보여주시면서 천천히 '타이밍 조절'을 하셨습니다. 그리고 이것은 자신의 시간표에 맞추시는 과정이었습니다. 종으로 살다가 드디어 자유인이 된 이스라엘에게 하나님이 가장 먼저 하신 일이 바로 당신의 시간표에 우리를 맞추시는 것이었습니다.

하나님은 여전히 지금도 우리를 이런 식으로 이끄십니다. 예수 그리스도를 모르는, 심판받아 마땅한 죄인으로 살다가 예수 그리스도를 믿고 구주로 고백하여, 영광의 면류관을 받을 하나님의 사람으로 살아가기 시작하면 그때부터 내 인생의 타이밍이 삐걱대기 시작합니다.

처음에는 예수를 믿은 감격이 크고, 하나님 은혜를 경험하는 순간은 참 감동적입니다.

그런데 그다음은 어떻게 될까요?

굉장히 피곤해지기 시작합니다.

그래서 사람들은 생각합니다.

'이게 뭐지? 내가 생각했던 거랑 다르네?'

예수님의 제자들에게도 직업이 있었어요. 각자 가정도 꾸리며 살았죠. 힘들었지만 평안한 삶이었습니다. 그런데 예수님을 따라나선 순간부터 어떻게 됩니까? 빌어먹는 사람이 됐어요. 그리고 예수님은 누울 곳도 없다고 하셨죠? 예, 집도 없었어요.

예수님을 따라가기 전에는 그냥 자기 일만 잘하면 되었습니다. 그런데 예수님을 따라 나서는 순간부터 어떻게 되었나요? 삶이 온통 불안정해졌습니다.

분명히 예수 믿으면 다 잘된다고 하던데,

그런 이야기도 많이 들었는데

왜 내 삶은 이렇게 쉽지 않지?

예수를 믿으면 믿을수록 더 큰 은혜를 주신다는데

왜 나에겐 그 은혜가 희미해져 가는 것일까?

이런 질문이 굉장히 많아집니다.

자연스러운 현상입니다. 잘하고 있습니다.

정상적인 과정입니다.

내가 뭘 잘못해서 그런 게 아니라, 이제 하나님의 훈련의 장에 본격적으로 들어선 거예요.

큰 은혜 다음에 뭐가 찾아오나요? 큰 슬럼프가 찾아옵니다. 공을 높이 올릴수록 그 공은 더 크게 떨어집니다. 은혜의 상승곡선을 타다가 갑자기 슬럼프를 만나 죽 떨어질 수 있어요. 그때 사람들은 생각하죠. '어, 이게 뭔가? 예수를 믿는다는 게 뭔가? 하나님을 믿는다는 게 뭔가?'

예수 그리스도를 입으로 고백하고 마음으로 믿고 그 삶을 따라 가겠다고 인격적으로 결정한 순간부터 하나님은 절대로 내가 계획한 시간표대로 움직이지 않으십니다.

내가 하나님한테 맞추는 거예요.

하나님의 시간표에 맞추도록 우리를 훈련하시는 거죠.

그래서 우리에게는 큐티가 중요합니다. 성경을 읽으면 하나님의 훈련 방식이 무엇인지 알 수 있습니다.

성경을 제대로
읽어야만 하나님의
관점을 얻습니다

아! 그러니까 큐티는 나 중심으로 살던 데서

하나님이 보여주시고 이끄시는 방식대로 살아간다는 의미네요?

그 과정에서 말씀하시는 하나님 앞에 서는 거고요.

네, 정확히 이해하고 있네요.

큐티를 통해 자기 생각의 철옹성에서 빠져 나와 하나님의 생각, 관점에 자기를 복종시키는 과정에 대해 한 번 더 살펴볼까요? 말씀 한 구절을 읽겠습니다. 시편 37편 16절입니다.
"의인의 적은 소유가 악인의 풍부함보다 낫도다."

이 말씀 어떻게 생각하세요? 의인의 '많은' 소유가 더 좋은 것 아닐까요? 솔직히, 그게 더 좋게 보이는 건 사실이잖아요. 성경에 기록된 사람 중에 의인이었던 사람 그리고 가장 많은 것을 가져본 사람은 솔로몬입니다. 그런데 곰곰이 생각해볼 부분이 있습니다.

"솔로몬이 끝까지 의인으로 살았는가?"

아니에요. 생각해보면 절대 그렇지 않습니다.

전도서를 누가 썼지요? 대부분 솔로몬이 썼습니다.

전도서의 핵심 주제가 뭐죠?

헛되고 헛되다.

다윗의 아들이자, 본인이 구하지도 않은 축복까지 하나님께 받았던 솔로몬이 인생을 다 살고 나서 고백했던 말입니다. 그는 하나님께 좋은 걸 다 받았잖아요. 태어날 때부터 금수저였구요. 세상이 갖지 못하는 지혜도 얻었습니다. 그리고 솔로몬 시대에는 전쟁이 없었어요. 국력이 막강했다는 말이죠.

그런데 왜 솔로몬은 다 헛되다고 얘기했을까요?

이유는 딱 하나에요.

솔로몬이 인생을 돌아보니까 자기가 하나님 없이 살았다는 걸 알게 된 거예요. 그래서 전도서를 쓴 거죠. 하나님이 주신 마음 없이도 솔로몬은 많은 것을 갖고 있었어요. 전도서를 읽어보면 솔로몬이 한 일이 나옵니다. "무엇이든지 내 눈이 원하는 것을 내가 금하지 아니하며 무엇이든지 내 마음이 즐거워하는 것을 내가 막지 아니하였으니"(2:10).

솔로몬의 여인들이 많이 나오죠? 천 명쯤이라고 기록되어 있어요(왕상 11:3). 진짜 천 명이 아니라 그 정도로 많았다는 뜻이에요(10×10×10). 문자적으로 계산하더라도 1,000이라는 숫자를 솔로몬 재위 40년으로 나누면 1년에 25명의 여인을 만났어요. 산술적으로 보면 40년 통치하는 내내 격주로 새 여자를 만나며 살았던 거에요. 하나님 없이 살 때 그랬어요. 그는 이것을 후회합니다.

시편 기자는 인간이 많은 것을 누리면서도 의인이 될 수는 없다는 사실을 잘 알았습니다. 그래서 그렇게 기록한 거예요.

"의인의 적은 소유가 악인의 풍부함보다 낫다."

또 하나 있어요. 왜 '악인의 풍부함'이 안 좋을까?

악한 사람이 많은 것을 가진 후에 긍정적으로 변화된다면 얼마나 좋겠어요. 세리장 삭개오처럼요. 그럼 좋은 일을 많이 할 수 있겠지요. 그런데 성경을 보면 예수님이 많은 것을 가진 부자에 관한 이야기를 하면서 긍정적으로 말씀하세요, 부정적으로 말씀하시나요?

부정적이죠. "부자가 하나님 나라에 들어가기가 어렵단다." 문맥을 보면, 일반적인 부자를 말하는 건 아니에요. 그 이야기 바로 앞에 나오는 부자 청년 관원을 가리킵니다. 그 청년은 평소 하나님을 잘 섬긴다고 하는 사람이었습니다(막 10:17-31).

예수님은 이렇게 제안하세요. "네가 가진 거 사람들에게 나누어 주고 나만 따라볼래?" 그러니까 부자 청년이 어떻게 해요? 근심하고 돌아가죠.

그는 하나님과 돈을 함께 섬기는 사람이었어요. 실질적으로 이 청년을 움직였던 건 하나님이었을까요, 돈이었을까요? 하나님이 보실 때 그 사람은 천국에 합당한 사람이었을까요?
그렇지 않죠.
그는 하나님 말씀도 사랑하고, 어느 정도 율법에 충실했지만, 그리고 아마도 자기 소유로 좋은 일도 많이 했겠지만 결정적인 순간에 주님을 택하지 않았습니다.

> 좀 무섭네요. 솔직히 저도 하나님을 섬기면서도, 풍족하게 걱정없이 살고 싶은 마음도 크거든요. 제게 재물이 많더라도 하나님을 잘 섬길 수 있다고 생각하고요.

대부분은 그렇게 생각하지요.
의인에게 많은 소유가 있으면 더할 나위 없이 좋겠다고 여깁니다.
하지만 이 본문은 우리가 성경을 볼 때 어떤 관점을 가져야 하는지를 잘 보여줍니다. 성경에 나오는 많은 의인을 보면 그 소유가 보잘 것 없습니다.
'하나님께서 왜 나에게 많은 것을 허락하지 않으실까?'
우리는 이런 질문을 많이 합니다.

그때 스스로에게 던져야 할 질문이 또 있어요.

'나에게는 그것을 감당할 능력이 있는가?'

하나님이 주신 많은 것 때문에 하나님을 놓쳐버린 사람이 부자 청년 관원이거든요.

'나는 그렇게 변하지 않을 준비가 되어 있나?'

이 질문을 해야 하는 거죠.

거기에 대답하지 못한다면, 그 많은 것이 주어지는 순간 내 인생은 재앙으로 변하기 시작합니다. 왜 그렇지요? 그것 때문에 하나님 없어도 되는 삶을 사니까요.

많은 분은 '기도 제목이 없는' 삶을 살고 싶다고 이야기합니다.

간절히 바라고 원하고 청원할 내용이 없는 삶.

무슨 뜻이에요?

"나 더 필요없어요. 주님, 다 만족해요. 주님만 계시면 됩니다."

그렇지만 까딱 잘못하면 "나 괜찮아요. 만족해요. 지금 충분해요"라는 생각이 하나님이 필요 없는 삶으로 이끌 수도 있습니다.

건강은 언제 지켜야 해요? 건강할 때 지켜야 합니다.

그런데 사람들은 언제부터 지키려고 해요?

잃어버린 다음부터 부랴부랴 자기 몸을 돌아보기 시작합니다.

신앙도 마찬가집니다. 큐티를 왜 해야 하냐면, 내 관점을 하나님 관점으로 바꾸기 위해서예요. 이것은 성경을 그저 열심히 읽는다고, 심지어 원어 찾아가며 공부한다고 가능한 게 아니에요.

이 성경의 이야기에서 하나님이 주시는 메시지가 무엇인지를 생각하고 생각하고 또 생각할 때, 우리에게 생기는 겁니다.

"아, 내 생각이 하나님의 생각과 다르구나!"
이걸 느껴야 해요.

자, 그렇다면 앞에서 던진 질문으로 돌아와서
적은 것을 가진 의인은 인생을 살아가면서 뭘 심으면서 살까요?
적지만 의로운 것을 심으면서 살겠죠?

하나님은 어떤 것을 더 기뻐하실까요?
의인의 적은 소유, 의인이 살아가면서 심은 의.
이것을 훨씬 더 기뻐하십니다.

관점의
변화를 확실히
경험하는 법

관점의 변화를 가져오는 본문 읽기 사례를 하나 더 볼까요?

에베소서 5장 16-17절 말씀입니다.

"세월을 아끼라 때가 악하니라. 그러므로 어리석은 자가 되지 말고
오직 주의 뜻이 무엇인가 이해하라."

이 '아끼라'는 단어는 우리말 번역과 원문이 전달하는 뜻이 약간 다
르지만 큐티할 때는 원문을 찾지 않기 때문에 그냥 "아낀다, 절약한
다" 이렇게 생각하면 됩니다.

아껴야 하는 이유는? 때가 악하기 때문입니다.

네 인생을 악한 일에, 악한 시대에 낭비하지 말라는 뜻입니다. 어리석은 자는 세상의 악함에 인생을 낭비하는 사람입니다. 반대로 지혜로운 사람은 인생을 낭비하지 않고 오직 주의 뜻이 무엇인가 이해하는 사람입니다.

그렇다면 본문에 나오는 주님의 뜻은 뭘까요?

이 구절만으로는 주의 뜻이 무엇인지 확실히 알 수 없습니다. 하지만 주의 뜻이 무엇인지를 알기 위해 해야 하는 두 가지가 16-17절에 나옵니다.

첫째, 시간을 낭비하지 않는 사람이 되는 것.

둘째, 지혜로운 사람이 되는 것.

한 마디로 본문에서 알 수 있는 지혜로운 사람이란 새로운 지식을 가진 사람이 아니라 시간을 낭비하지 않는 사람입니다. 이처럼 신앙과 삶의 방향이 어떠해야 하는가를 짧은 본문을 통해서도 알 수 있지요.

궁금하더라도 주석이나 다른 참고자료는 잠시 접어두고, 본문 안에서만 주님의 메시지를 듣고자 해야 하는군요?

그렇습니다. 이것이 큐티 원칙 중 하나입니다.

주어진 본문 안에서 주님을 신뢰하고

말씀이라는 수단으로 하나님을 만나는 것이지요.

다른 본문 읽기 사례를 하나 더 볼게요.

한 율법사가 예수님께 질문했어요. "가장 큰 계명이 무엇입니까?"
예수님께서 이렇게 말씀하시죠. "주 너의 하나님을 사랑하라. … 둘째도 그와 같으니 네 이웃을 네 자신같이 사랑하라"(마 22:37, 39).

우리는 하나님 사랑, 이웃 사랑을 분리해서 생각합니다. 그래서 예배 자리 잘 지키고, 기도의 자리 잘 지키고, 하나님이 원하시는 삶을 잘 사는 것이 하나님을 사랑하는 것이라고 생각합니다. 이 말은 맞습니다.
그렇다면 이웃 사랑하는 건 뭔가? 내가 섬길 수 있는 사람을 섬기고 내가 도울 수 있는 사람에게 도움이 되는 것. 그게 사람을 사랑하는 것이지요. 다 맞습니다.

그런데 예수님이 그 이야기를 하시면서 하신 말씀이 있어요.
그 유명한 선한 사마리아인의 비유입니다(눅 10:25-42).

> 선한 사마리아인 비유가 '하나님 사랑, 이웃 사랑'의 문맥에서 나온 것이군요!
> 곰곰이 생각해보니 그렇네요.

거기 등장하는 두 부류의 사람이 있어요.
하나는 유대인, 하나는 사마리아인이에요. 유대인은 또 제사장과 레위인, 이렇게 둘로 나뉩니다. 이들은 종교인이에요. 가장 하나님을 사랑할 것 같은 사람들.

그런데 그들이 강도 만난 사람을 만나지요. 어떻게 해요? 그냥 지나칩니다. 하나님을 사랑하기 때문에 사람도 사랑할 것 같은데 그렇지 않은 모습이예요. 반대로 사마리아 사람은 사람을 극진히 섬기고 사랑하는 걸 보여주죠? 당시 유대인은 사마리아 사람을 사람 취급하지 않았어요. 하나님이 싫어하고 미워한다고 여겼죠.

그 이야기는 뭘 보여주지요?
"누가 진짜 하나님을 사랑하는 사람인가?"
하나님을 사랑한다고 하지만 사람을 섬길 줄 모르고
사랑하지 못하는 사람이 있어요.
반대로, 사람을 사랑하는 사람은 누구도 사랑하나요?
하나님도 사랑함을 드러낸다는 메시지입니다.

우리도 마찬가지예요. 교회에서 맡은 일에 최선을 다하고 그걸 열심히 감당하는 성도들이 있지요. 그런데 그들이 교회 밖에서 '사람을 대하는 태도'를 보면 가끔 놀랄 때가 있어요.

이게 그분의 인격과 개인의 문제일까요?
아니면 그분에게 있는 신앙의 방향성 문제일까요?

여러분. 잘 생각해야 할 부분입니다.

제대로 성경을 읽고 큐티를 했다면

관점에서 변화가 생깁니다.

가령, 예수님은 지극히 작은 사람 하나에게 물 한 그릇 준 것도 자신에게 한 것이라고 말씀하셨어요. 사람에게 하는 게 누구한테 하는 게 돼요? 하나님께 하는 게 되죠. 선행이 하나님과 연결된다는 것을 보여줍니다.

성경은 구체적으로 이런 것들을 끊임없이 이야기합니다. 지금 제가 말씀드린 내용은 모두 본문 속에서 건져올린 거죠. 그래서 무엇보다 중요한 게 큐티는 철저하게 본문 중심으로 가야 합니다.

이 본문이 스토리를 통해 나에게 어떤 메시지를 주는지 발견할 때, 나를 바꿀 수 있어요. 그것이 관점을 바꾸고요, 인생의 방향을 바꿔요. 하나님 대하는 것과 사람 대하는 것이 비슷하게 갈 수 있도록 만들어줍니다.

정말 큐티를 제대로만 한다면 제 인생에도 놀라운 변화가 생길 것 같아요. 이렇게 짧은 시간에 몰랐던 것도 많이 알게 되었고요.

성경을 읽고도
인생의 방향이
바뀌지 않을 때

같은 맥락에서 한 말씀 더 보겠습니다.

> 24 그러므로 누구든지 나의 이 말을 듣고 행하는 자는 그 집을 반석 위에 지은 지혜로운 사람 같으리니 25 비가 내리고 창수가 나고 바람이 불어 그 집에 부딪치되 무너지지 아니하나니 이는 주추를 반석 위에 놓은 까닭이요 26 나의 이 말을 듣고 행하지 아니하는 자는 그 집을 모래 위에 지은 어리석은 사람 같으리니 27 비가 내리고 창수가 나고 바람이 불어 그 집에 부딪치매 무너져 그 무너짐이 심하니라(마 7:24-27).

제가 생각하기에 본문에서 제일 중요한 구절은
"듣고 행하는 사람, 듣고 행하지 않는 사람"입니다.
듣기는 다 들어요. 다 성경을 읽거나 말씀을 듣습니다.
반석 위에 집을 지은 사람은 어떤 사람이지요?
듣고 행하는 사람.

그런데 우린 '듣지 않은' 사람이 모래 위에 집을 지었다고 착각하죠?
그렇지 않습니다. "듣고 행하지 않는 사람"입니다.
역사의 마지막 날 심판은 누구에게 가장 먼저 일어나는가?
누구에게 가장 정확한 잣대를 들이대시는가?
말씀을 들은 사람입니다. 바로 성도와 교회입니다.
이게 하나님이 본문을 통해 우리에게 말씀하시는 진실입니다.

> 예수님이 하나님 사랑과 이웃 사랑을 같은 급으로 다루신다는 것은 알았지만
> 이웃 사랑이 없으면 하나님을 사랑하는 것도 증명하기 힘들다는 사실은 참
> 충격이네요.

듣는 사람은 굉장히 많아요. 하지만 행하는 사람은 굉장히 적습니다. 팬데믹 상황에서 대부분의 교회는 유튜브 채널로 콘텐츠를 올리기 시작했어요. 그런데 이 팬데믹에서 교회가 보여준 게 뭐예요? 말씀과 예배를 사모하는 사람이 마땅히 보여주어야 하는 그런 삶의 태도가 많이 보였나요? 그렇다고 말하기 힘든 상황이라는 게 솔직

한 답변일 거예요.

이런 사회 현상이 우리한테는 정말 중요한 질문을 던집니다.

나는 진짜인가? 나는 하나님이 찾으시는 진짜 성도인가?

스스로에게 이 질문을 하게 됩니다.

이 질문에 나 자신이 답할 수 있어야 합니다.

큐티에서
가장 중요한
한 단어

성경을 읽고 삶이 달라져 제대로 변화된 모습으로 살아가려면 해야 할 일이 있어요.
앞에서 본 큐티의 정의를 다시 한번 볼까요?

"큐티는 매일 조용한 시간과 장소를 정하여 하나님을 개인적으로 만나는 시간으로, 성경말씀을 통하여 나를 향하신 하나님 말씀을 듣고 묵상하며 삶에 적용함으로써 삶의 변화와 성숙을 이루고자 하는 경건 훈련입니다."

우리가 왜 관점이 바뀌지 않고

왜 인생의 방향이 바뀌지 않고

무엇보다 일상을 살아가면서 그걸 보여주지 못하는가?

듣기는 하는데 왜 행하지는 않는 사람이 되는가?

이 현실은 큐티에서 가장 중요한 게 뭔지를 보여줍니다.

큐티에서 가장 중요한 것은 무엇인가?

'매일'입니다. 이게 가장 중요해요.

> 큐티의 정의에서 "삶의 변화와 성숙"이 가장 중요하다고 생각했는데, 아니었
> 나요?

그건 결과로 나타나는 거죠. 그리고 하나님이 가져오시는 거고요. 엄밀히 말하자면 우리가 하는 영역이 아닙니다. 하지만 '매일'은 우리가 실천할 수 있는 영역이죠.

훈련을 하긴 하는데 매일 해야 해요.

우리는 늘 잊으니까요. 우리는 늘 결심이 약해지니까요. 시간을 이기는 사람은 없어요. 시간이 지나면 자연스럽게 인간은 늙어요. 머리카락도 희어지고 근육의 힘도 약해집니다. 그 누구도 시간을 이길 수 없는 거죠.

신앙도 마찬가지입니다. 시간이 지나면 지날수록 신앙은 어떻게 되어야 정상일까요? 50년 신앙생활 한 분과 5년 신앙생활 한 분이 있

다면 누가 더 고매한 신앙 인격을 갖고 있어야 할까요? 네, 50년이 겠지요. 그런데 애석하게도 우리 주위에 그런 분이 생각보다 많지 않지요.

하나님을 향해 가장 뜨거웠을 때가 언제인가요?
처음 제대로 믿기 시작할 때가 대부분 그러합니다.
'와, 진짜 이분이 계시는구나.' 이걸 알았던 그 순간을 인생의 뜨거운 순간으로 기억해요. 그런데 그때가 내 인생에서 하나님을 향해 제일 열렬했던 시간이라면, 지금 제대로 살지 못하고 있다는 의미가 아닐까요? 시간이 지날수록 그 사랑이 더 뜨거워지고 넓어지고 깊어져야 하지 않을까요? 하나님을 향한 사랑의 온도가 점점 높아져야 하는 것이죠.
처음에 물을 끓일 때는 센 불이 필요합니다. 그래서 강렬한 거예요. 반면, 팔팔 끓는 물을 유지하려면 불이 세지 않아도 됩니다. 우리는 받은 은혜를 간직하고 키워가려고 하지 않고 하나님이 주신 강력한 한 방의 은혜를 기대합니다.
그러면 안 됩니다. 우리는 하나님께서 이미 주신 그 강력한 은혜를 어떻게 지킬 것인가에 마음을 모으고 관심을 가져야 합니다.

이걸 가능케 하는 방법이 매일 큐티하는 것입니다.
이스라엘 백성이 출애굽 할 때 하나님과 어떻게 매일 만났지요?

아침에 직접 만나를 거두면서 만났어요.

큐티도 그날그날 매일 하나님과 만나는 거예요.

이것이 우리 인생에서 관점을 바꾸고 방향을 바꾸고

삶으로 보여주는 무언가를 바꿀 가장 좋은 훈련 방식입니다.

그래서 큐티에서 가장 중요한 것은 '매일'입니다. 어제 먹은 만나로 사는 게 아니에요. 오늘 먹어야 하는 만나가 있습니다. 우리도 어제 먹은 짜장면으로 사는 게 아니잖아요. 오늘 먹어야 할 음식이 있죠. 이게 우리에게 필요합니다.

두 마음을
극복하는 길

"날마다 빼먹지 말고 큐티하라"는 말이 지나치게 단순하게 들리네요. 그렇지만 매일 큐티하는데도, 일상에서는 별로 달라진 것을 못 느낄 때도 많은 것이 사실입니다.

네, 매일 큐티하라는 것은 하나님께서 말씀이라는 도구로
우리 삶에 개입하시는 시간을 확보하라는 의미이고요.
당연히 큐티를 통해 어떻게 달라져야 하느냐는
방향성은 갖고 있어야 합니다.
이 질문에 답하기 위해 우리가 왜 큐티를 하는가를 좀 보겠습니다.

사람은 마음에 담긴 것을 자연스레 생각합니다.

그리고 마음에 담긴 것을 말합니다.

그래서 다른 사람과 이야기하다가 자기도 모르게 이런 생각이 들죠.

'어, 내가 왜 그런 말을 했지?'

그런 말을 한 다음에 "미안, 그런 의미가 아니었어"라고 하잖아요?

하지만 사실은 그런 의미예요.

그런 의미가 아닌 게 아니라 그런 의미인 거예요.

그런데 자기가 그걸 왜 몰라요?

마음에 그게 담겨 있는 줄 모르는 거예요.

마음에 없었다는 뜻이 아니예요.

이게 긍정적으로 쓰일 때가 있고 부정적으로 쓰일 때가 있어요.

예수님께서 제자들에게 말씀하셨어요. "너희가 너희를 박해하는 사람들을 만날 거야. 그런데 두려워하지 마. 그때 할 말을 성령께서 너희에게 알려주실 거야."

제자들은 왜 두려워해요? 무슨 말을 해야 할지 모르니까요. 그런데 예수님이 뭐라 하세요? "두려워하지 마. 성령께서 할 말을 주실 거야."

제자들이 뭘 몰라요? 자기 마음에 뭐가 담겨 있는지 모르는 거죠.

우리도 같아요.

내 마음에 두 가지가 담겨 있어요.

하나는 육체의 소욕, 다른 하나는 성령의 소욕이에요.

두 마음이 있다는 거죠.

하나님을 기쁘시게 하며 살고 싶은 마음이 있고요.

또 하나는 나를 기쁘게 하고 싶은 마음이 있는 거죠.

이 두 마음이 항상 우리에게 존재합니다.

많은 사람은 그러면 안 좋은 거라고 얘기합니다.

두 마음을 품지 말라고 하셨으니까요.

그런데 육체 안에서 살아가는 사람이라면 두 마음이 없을 수가 없어요. 두 마음이 있는 것은 정상적인 거예요. 그 두 마음이 잠시 한 마음으로 통일되는 때가 있어요. 강력하고 크신 하나님의 은혜를 받는 순간에 그렇습니다.

우리는 대부분 성숙한 사람처럼 보이려고 합니다.

그토록 강력한 은혜를 계속 받는 상태로만 기억되길 원하지요.

하지만 천만의 말씀입니다.

가령, 목회자들은 완성된 사람이 절대 아니에요.

가장 큰 변화가 필요한 사람이 저와 같은 직업을 가진 사람이에요.

왜일까요? 완성된 것처럼 보여주려고 하니까요.

교회 안에 이런 리더들이 많습니다.

교회당 안에서는 너무 좋은 장로, 권사, 안수 집사입니다.

교역자나 목회자, 성도입니다.

그런데 일상에서는 그렇지 않을 수 있습니다.

교인들이 모르는 곳에서는 다른 이야기가 나올 수 있죠?

그러면 하나님의 관심사는 어디에 있을까요?

예배당 안에서의 모습에 하나님은 관심을 보이실까요?

아니면 예배당 밖에서의 모습에 더 관심을 보이실까요?

그래서 우리에게는 변화가 필요한 거예요.

변화에는 성장과 성숙, 두 가지가 있습니다.

성장은 했는데 성숙함이 없으면 미숙한 상태인 거예요.

성장한 만큼 성숙해야 합니다.

성숙함 없이 커버리면 사람이 얼마나 약해지는가를 우리는 알아요.

그래서 하나님께서 큐티와 말씀 묵상을 통해

우리에게 하시려는 궁극적인 목적은 변화와 성숙입니다.

자신에게
시간을
선물하라

이 변화와 성숙을 위해 필요한 것이 있는데 바로 시간과 훈련이에요.

항아리에 보통 무엇을 보관하죠? 간장, 된장, 고추장, 김치… 이런 거 보관합니다. 담궈놓고 시간이 지날수록 깊고 좋은 맛이 나죠. 간장을 가득 담았던 항아리를 깨끗이 씻은 후 다른 용도로 쓸 수 있을까요? 가능하긴 한데, 보통은 그렇게 안 해요. 항아리에 배어 있던 냄새가 계속 배어 나오기 때문입니다. 그러니까 한번 간장독은 끝까지 간장독이 되는 거예요.

우리는 '깨끗이 씻으면 되지 뭐'라고 생각해요.

그렇더라도 물을 담아 두면 간장이 빠져 나오죠.

우리가 그런 거예요.

우리가 예수 그리스도를 믿고 고백하면 내 안에 성령님이 거하기 시작하시죠. 그런데 나는 왜 계속 죄를 짓는가? 내 안에 하나님의 영이 거하시는데 나는 왜 자꾸 다른 생각을 하는가? 왜 자꾸 하나님의 방식이 아닌 다른 방식을 선택하려 하는가?

이런 질문을 많이 합니다.

그 이유가 바로 이 항아리에 밴 냄새 같은 거예요.

우리는 이미 죄에 찌들대로 찌들어 있는 상태입니다.

우리가 죄인이라서 죄가 나오는 거예요.

이걸 어떻게 바꾸나요? 한 번에 안 바뀌어요.

그래서 하나님이 우리에게 시간을 선물로 주셨습니다.

하지만 믿음의 강자는 믿음의 약자에게 시간을 잘 안 줘요.

빨리 하라는 거죠. 빨리 나만큼 올라오라는 거예요.

항아리 안에 푹 익어 있는 간장, 된장, 고추장 혹은 그 김치 냄새는 내용물을 다 비워냈어도 다 빠지려면 시간이 오래 걸려요.

그거 하다 안 되면 사람들이 성질 나서 뭐해요?

깨버리죠. 관계가 틀어져요. 그렇게 하면 안 됩니다.

하나님은 우리에게 시간을 주시는데 우리가 다른 사람에게 시간을 주지 않는다면 나쁜 것입니다.

내가 사람을 바꾸는 게 아니에요. 하나님이 바꾸십니다.
다만, 우리는 하나님이 그를 다루시도록 시간을 줘야 해요.
하나님이 다루실 그를 향해 격려하는 거지요.

이 원리는 우리에게도 동일하게 적용됩니다. 우리의 변화가 더딘
것은 아직 옛사람의 흔적이 빠져나가고 있는 중이라고 생각해야 해
요. 항아리에 찌들었던 냄새가 빠지는 중이에요. 인내하되 조급해
하면서 포기하면 안 됩니다. 하나님이 우리에게 선물로 시간을 주
셨으니까요.

제가 가장 좋아하는 TV 프로그램 중 하나가 〈생활의 달인〉입니다.
이 프로그램에는 여러 영역의 달인들이 등장합니다. 종이 박스 접
는 달인, 면 뽑는 달인, 도장 찍는 달인, 수선하는 달인.
이분들에게는 한 가지를 오랫동안 했다는 공통점이 있습니다. 한순
간에 달인이 된 게 아니에요. 그 일을 오래 하다 보니까 달인이 된
거예요. 하지만 오히려 그분들은 "아, 이거 오래 하면 누구나 다 할
수 있는 거예요" 이렇게 말해요. 그런데 사람들이 볼 때는 어때요?
따라갈 수 없는 범접할 수 없는 수준이잖아요. 변화와 성숙은 이런
방식으로 찾아옵니다.

3장

하나님이 다루시는
시간에 나를 두라

51:49를
기억하라

흔히 선택에는 '기회비용'이 있다고 합니다.

a를 선택하면 b가 아깝고, b를 선택하면 a가 아쉽고….

갈등은 50 대 50일 때 하는 겁니다.

99 대 1, 이건 갈등할 이유가 없죠?

51 대 49가 되면 어떻게 될까요?

아쉬움은 크겠지만 그래도 51을 선택하게 되겠지요?

우리가 흔히 이런 말을 많이 해요.

"순도 100%의 믿음, 순도 100%의 순종!"

그런 건 없습니다.

물론 인생에서 그렇게 되는 순간이 아주 잠깐은 있어요.

하나님이 크신 은혜를 베풀어주신 잠시 동안.

우리가 예수 그리스도를 믿고, 영원한 생명을 얻고 성령의 충만함을 누리면서 전과는 다른 변화된 삶을 사는 것 같을 때가 있어요.

하지만 시간이 지나면 어떻게 됩니까? 서서히 사라지죠?

우리는 순도 99%, 100%를 유지하는 게 아니라

최소한 51% 이상을 유지하면 되는 겁니다.

내 마음이 하나님께 51% 이상 가 있으면 되는 거예요. 여기까지만 가 있으면 우리는 최소한 하나님이 원하시는 것을 선택할 수 있어요.

지금까지 설교나 책에서 온전한 믿음, 순전한 믿음에 관한 도전을 많이 받았어요. 내 생각에는 70% 정도는 되는 것 같았는데, 100% 순전해야 한다는 말씀에 현실은 너무 멀리 있다고 생각했는데 조금은 위로가 됩니다!

좀 더 말씀드리자면 한쪽으로 기울어지는 이런 특성을
'경향성'이라고 합니다.

마음이 어느 한쪽으로 기울어져야

그것을 선택하고 그쪽으로 행동하는 거죠.

갈라디아서는 우리에게 있는 이 두 마음을

하나는 성령의 소욕, 다른 하나는 육체의 소욕이라고 말합니다.

쉽게 말하면 한쪽은 하나님의 마음, 한쪽은 내 마음

이렇게 두 개가 있는 거예요.

처음 물을 끓일 때는 센 불이 필요하죠. 그런데 온도를 유지하려면?
작은 불이라도 괜찮습니다. 우리도 성령받아서 성령의 충만함을 경
험하고 뜨거워지는 때가 있어요. 이후 그 뜨거움을 잘 유지하려면
작은 불만 있어도 됩니다.

비유하자면 큐티가 그 작은 불 역할을 합니다.
띄엄띄엄 간혹 길게 하기보다는
짧더라도, 매일 하는 게 좋습니다.

시간은 20분에서 30분 정도면 충분합니다.
지나치게 오랜 시간 쓰지도 말고요.
익숙해지면 20분 정도로도 충분히 할 수 있습니다.
매일 말씀 보는 데 이 정도를 떼어두시면 됩니다.

축적이라는 게 있어요. 뭔가가 조금씩 쌓여야 그다음
어느 순간 쌓인 것에서 발산이 시작되어 폭발이 일어납니다.
그 지점까지 가기 위해 잊지 말고
날마다 큐티를 해야 하는 것입니다.

이제, 본격적으로 큐티를 어떻게 하는지를 알아보겠습니다.
보통은 5단계를 거쳐 말씀에 깊이 들어갔다가 빠져 나옵니다.

1단계, 기도.

2단계, 읽기.

3단계, 묵상.

4단계, 적용.

5단계, 나눔.

하나 하나를 살펴보면서, 제대로 배우면 평생 큐티하는 행복을 안겨주는 든든한 기초를 세워볼까요? 공식은 아니지만, 몇 번 훈련하다 보면 자기만의 깊이 있는 루틴을 마련하여 세상에서 '가장 황홀한 시간'을 만들 수 있습니다.

1
짧지만 묵직한
한 줄 기도

기도는 뭘까요?

큐티할 때의 기도는 하나님과의 대화입니다.

하나님과 나 사이에서 소통하는 방식을 떠올려보세요.

우리가 말할 때가 있고, 또 들어야 할 때가 있죠.

그러면 이 대화를 어떻게 할까요?

두 가지를 기억하십시오.

우선, 성령의 인도하심을 구하십시오.

"하나님, 이 아침에 이 순간에 성령께서 인도해주십시오!"

성령의 인도하심을 구하는 게 필요하고요.

다음으로, 짧게 간구하십시오.
20~30분이라는 시간적인 한계가 있기 때문입니다.
대신 '무겁게' 하셔야 합니다. 대화를 하다 보면 말은 많이 했는데
남는 게 없는 사람이 있고요. 또 어떤 분과는 별 대화가 없었지만,
묵직한 뭔가가 내 안에 탁 들어오는 게 있죠. 그거예요.

일상적으로 큐티할 때마다 내가 루틴하게 드릴 수 있는 기도문을
작성하십시오. 한두 줄 혹은 세 줄 정도면 충분합니다. 기독교 역사
속에서 수도자들이 드렸던 짧은 기도문이 있지요? "하나님의 아들,
예수 그리스도시여. 우리를 불쌍히 여겨주십시오." 제일 많이 알려
지고 널리 사용되었던 '예수 기도문'입니다.
굉장히 짧지요? 수도사들이 가장 많이 외우고 되뇌면서 기도한 문
장입니다. 이 안에 우리 신앙 고백이 다 들어 있기도 하고요. 그리
고 우리는 결국 은혜가 필요함을 보여주지요.

이 하나님의 은혜는 무엇을 통해 우리에게 옵니까?
성령님의 인도하심을 통해 전달되죠?
그러니까 성령의 인도하심을 구하는 것이 필요합니다.

아침마다 큐티할 때 마음을 붙잡아주고 그분 앞에 나를 세워줄 짧

은 기도문, 이것을 스스로 작성해보면 좋겠어요. 그렇게 해서 날마다 하나님 말씀 앞에 설 때 그 기도를 진중하게 하나님 앞에 드리면서 큐티를 시작하는 거죠.

목사님은 어떻게 준비하세요?

저는 이렇게 자주 기도합니다.

"사랑하는 주님 제가 말씀을 읽습니다.
제게 말씀하여 주십시오. 제가 듣겠습니다.
성령님 보여주십시오. 깨닫게 해주십시오."

이 짧은 기도가 중요한 이유가 있습니다.
이 큐티의 주체가 누구인가를 드러내기 때문입니다.
내가 주님께 인도하심을 구하고 은혜를 구하면
그 인도하심과 은혜의 주체는 누가 됩니까?
주님이 되십니다.

그게 없다면? 내가 발견해내야 하는 거죠. 내가 주체가 되어야 합니다. 그래서 큐티를 할 때 내가 아니라 하나님이 주체이심을 고백하면서 시작하면 중심이 잡힙니다. 이렇게 짧게 자신만의 시작 기도문을 만들어봅시다.

₂ 본문을 천천히
_{읽기} 3번 읽기

읽기에는 내용과의 만남,

그리고 의미와의 만남이라는 두 가지 목적이 있습니다.

일단 본문 내용이 뭘 얘기하는지,

어떤 스토리가 있는지를 파악하는 게 우선입니다.

다음으로, 그 본문을 통해 오늘 나에게 하시는

하나님 말씀이 무엇인가를 발견해내는 게 의미와의 만남입니다.

대개 사람이 하는 말에는 스토리와 메시지가 함께 있어요.

"그렇게 할 거면 그만둬!"

여기서 스토리는 뭡니까? "그렇게 하면 안 돼."

그러면 메시지는 뭘까요? "잘 좀 해라."

말만 놓고 보면 그만두라는 얘기 같지만 우리는 그렇게 듣지 않지요. 저게 어떤 의미라는 걸 대번에 알아채잖아요. 본문을 읽으면 나에게 뭘 얘기하시는지 쉽게 발견하는 거죠. 하나만 더 볼까요?

"당장 나가!"

부모님들이 자녀들에게 가끔 쓰는 말입니다.

저 문장의 스토리는 뭐예요? "지금 나가."

본문의 메시지는 뭘까요? "속상하다"는 의미예요.

> 재밌네요. 보통 감정이 섞인 말을 들으면 그 표면적인 의미에 사로잡혀서 말하는 사람이 무슨 의도로 말했는지 놓치게 되는 것 같아요.

알다시피 성경은 아주 오랜 기간 많은 사람이 썼어요. 대략 1,500년간 40여 명의 인간 필자가 있었습니다. 시대마다 쓴 사람이 다 달라요. 시대와 문화와 언어가 다른 그 성경 본문을 오늘날 남녀노소가 읽을 때 어떻게 정확히 이해할 수 있겠어요? 문자적으로만 따지면 이해할 수 없는 게 더 많아요.

그러니까 이 말씀을 그 시대 상황에서 왜 했는지를 생각하고 질문하는 것이 필요합니다. 그래야 그 말씀에서 메시지를 찾아낼 수 있습니다.

이 메시지를 찾아내기 위해 할 일이 있습니다.

본문은 3가지 목표를 가지고 읽는데,

첫째는 본문을 잘 이해하기 위해

둘째는 본문에서 통찰을 얻기 위해

셋째는 본문을 통한 적용을 위해 읽습니다.

그런데 방법은 다 똑같습니다.

"천천히 읽기!"

우리는 다양한 방식으로 본문을 읽습니다. 스마트폰 앱에서 성경을 낭독해주는 프로그램이 있잖아요. 그것을 통해 들으면 효과적으로 귀에 쏙 들어옵니다. 그러나 큐티는 내가 집중해서 짧은 시간 하나님의 말씀과 대면하는 거예요. 성경을 읽는 방법은 여러 가지이지만, 제일 좋은 건 내가 읽는 거예요.

내가 '눈으로', '소리로', 펜을 가지고 '손끝으로' 읽는 겁니다.

그리고 천천히 하셔야 해요.

밥을 급하게 먹으면 체하죠. 먹은 걸 다시 뱉어내야 할 때도 있어요. 오히려 더 안 좋아지는 거죠.

큐티도 마찬가지예요. 짧은 시간 큐티를 하지만, 이걸 후다닥 해치우는 분들이 있어요. 그렇게 하면 우리에게 별로 안 좋습니다. 짧은 시간이지만 내가 꼭꼭 곱씹어서 한 가지만 제대로 얻으면 되거든요. 그렇기 때문에 본문을 읽을 때 눈으로 읽고, 소리로 읽고, 손끝으로 읽고, 소리나는 것을 내 귀로 들으면 굉장히 입체적으로 읽을 수 있습니다. 그리고 이 모든 것을 꼭 천천히 하셔야 합니다.

'천천히 읽으라'는 말씀이 상당히 위로가 돼요. 읽기 시작하면, 뭔가 대단한 걸 찾아내야 한다는 부담감에 좀 속도를 낼 때가 많았거든요.

개인적으로 여기서 한 가지를 더 추가해요. 가급적 큰 글씨로 된 성경을 보시길 추천합니다. 저에게 노안이 찾아와서 어느 날 큰 글씨로 성경을 보기 시작했어요. 그러자 작은 글씨로 볼 때보다 본문 읽기가 훨씬 수월하고 본문에서 새로 발견되는 것이 많더라고요. 신기한 경험이었습니다.

자, 본문 읽기는 어떻게 한다고요?
3번을 읽어요. 더 많이 읽으셔도 괜찮아요.
하지만 최소한 세 번은 읽어주셔야 해요.
세 번을 어떻게 읽으신다고요?
천천히, 천천히, 천천히.
이것을 실천하셔야 합니다.

3 마르틴 루터의
묵상 ❶ 3가지 질문

묵상의 방법은 여러 가지가 있겠지만, 제가 평소 활용해보고 많은 분들이 수월하게 응용할 만한 방법을 소개하겠습니다.

(참고: 하용조, 《큐티하면 행복합니다》, 133-145, 두란노, 2009. 여기에 다양한 묵상법이 소개되어 있습니다.)

첫 번째는, 일반적으로 "마르틴 루터식"으로 알려진 묵상법입니다. 성서유니온에서 발행하는 큐티 교재인 《매일성경》에서 묵상을 돕기 위해 사용하고 있고, 많은 큐티 강의에서 두 가지 질문 혹은 세 가지 질문법으로 소개됩니다. 익숙해지면 금세 내용 파악이 됩니다. 큐티하기에는 아주 좋은 방법입니다.

본문을 보면서 다음과 같이 3가지 질문을 던집니다.

① 본문에서 나타난 하나님은 어떤 분인가?
② 본문에서 하나님은 무엇을 하고 계신가?
③ 본문에서 나에게 주시는 말씀(적용)은 무엇인가?
(첫 번째와 두 번째 질문을 하나로 하기도 합니다.)

여기서 가장 중요한 것은 뭘까요?
"본문에서." 이게 제일 중요해요. 본문에서.

내가 큐티하는 본문 속에 나타난 하나님은 어떤 분인지,
그분이 그 안에서 뭘 하고 계시는지
그리고 그분이 본문을 통해, 그 스토리를 통해
나에게 어떤 메시지를 주시는지? 적용점은 무엇인지?

큐티는 본문을 벗어나면 안 됩니다. 그 안에서 다 해결해야 합니다.
세 가지 질문으로 연습을 하나 해볼까요?

"여호와가 너를 항상 인도하여 메마른 곳에서도 네 영혼을 만족하게 하며 네 뼈를 견고하게 하리니 너는 물 댄 동산 같겠고 물이 끊어지지 아니하는 샘 같을 것이라"(사 58:11).

한 번 더 읽어볼까요?

두 번째 읽기는 손에 꼭 펜을 쥐고 해야 합니다. 그래야 내 마음에 부딪쳐 오는 말씀과 단어들을 포착해낼 수 있습니다.

자, 그럼 질문을 한번 던져 보겠습니다.

본문에 나타난 하나님은 어떤 분이시죠?

하나님은 누구를 인도하십니까? 나를 인도하십니다.

하나님은 언제 나를 인도하십니까? 항상 인도하십니다.

지금 우리는 "여호와가 너를 항상 인도하여"

단어 네 개를 통해 하나님이 하시는 일 두 가지를 발견했습니다.

무슨 말인지 이해되시지요?

이 질문을 이용하면 본문 속에서 내게 와닿는 그리고 내게 말씀하시는 주관적인 하나님 말씀을 맞닥뜨리게 됩니다.

또 하나 찾아볼까요?

본문에서 하나님은 무엇을 하시는가?

메마른 곳으로 인도하신 하나님은 거기서 어떻게 해요?

"네 영혼을 만족하게 하며 네 뼈를 견고하게 하리니."

본문 속에 하나님이 뭘 하고 계시는지는 질문을 하면 드러나요.

그러면 이 스토리가 나에게 주시는 메시지는 뭘까요?

하나님은 나와 여전히 함께 계시는가? 생각하게 될 때마다 이 말씀을 떠올리면 되죠. 하나님은 지금 뭘 하고 계시는가? 하나님은 지금 어디에 계시는가? 생각이 들 때마다 이날 내가 발견한 하나님 말씀을 떠올릴 수 있습니다.

큐티하면서 내가 발견한 깨달음이 "하나님이 주신 말씀"이라고 어떻게 확신할 수 있을까요?

흔히들 큐티에서 이런 질문을 많이 하세요.
"무엇이 하나님이 주신 말씀인가?"
동전에는 앞면과 뒷면이 있습니다. 둘 중 하나가 없으면 어때요? 그건 동전이 아닙니다. 못 쓰는 거예요.
마찬가지예요. 하나님이 우리에게 어떻게 역사하시는가? 기록된 말씀으로 역사하시지만, 그 말씀을 듣거나 읽는 행위를 통해 나에게 다가옵니다. 이게 같이 붙어 있습니다. 즉, 내가 읽어야, 내가 들어야 하나님께서 그 말씀을 통해 전하시는 메시지가 나를 찾아옵니다.
읽거나 듣지 않고 "하나님이 내게 주신 말씀입니다"라고 할 수는 없어요. 내가 직접 읽고 듣다가 어느 순간에 내 마음에 혹 들어와 있는 거죠. 그러니까 하나님이 주신 말씀에는 항상 두 측면이 있어요. 분명히 하나님이 주셨지만, 내가 읽고, 내가 생각하고, 내가 묵상했습니다. 이 과정을 통해 하나님이 우리에게 당신의 말씀을 주시는 거죠.

다른 본문으로 마르틴 루터식 묵상법을 연습해볼까요?

시편 1편 1절부터 3절까지를 천천히 읽어보겠습니다.

"복 있는 사람은 악인들의 꾀를 따르지 아니하며 죄인들의 길에 서지 아니하며 오만한 자들의 자리에 앉지 아니하고 오직 여호와의 율법을 즐거워하여 그의 율법을 주야로 묵상하는도다 그는 시냇가에 심은 나무가 철을 따라 열매를 맺으며 그 잎사귀가 마르지 아니함 같으니 그가 하는 모든 일이 다 형통하리로다."

자, 본문에 나타난 하나님은 어떤 분입니까?

본문 속에 하나님이 없는 것 같죠? 그런데 잘 찾아보면 있습니다.

율법은 누가 주셨습니까?

네, 우리에게 율법을 주신 하나님.

그리고 그 율법을 지키는 자를 어떻게 대하시는 분인가요?

형통하게 하시는 하나님.

그다음 질문으로,

본문이 나에게 주시는 말씀(적용)은 어떤 것인가?

본문이 말하는 복 있는 사람이란 세 가지를 하지 않는 사람입니다.

악인의 꾀를 따르지 않고 죄인의 길에 서지 않고 오만한 저의 자리에 앉지 않는 자.

그렇죠?

그런데 이 세 가지를 안 하기만 하면 반드시 복을 받는가?

그렇지는 않아요. 2절을 봅시다.

여호와의 율법을 즐거워하고 그의 율법을 주야로 묵상하는 사람.

1절에 나온 세 가지도 안 하고,

2절에 나온 일을 하는 사람.

이 둘을 동시에 실천하는 사람이 복이 있는 사람이라고 본문은 이 야기합니다. 그러면 본문을 묵상하면서 우리가 해야 할 일이 바로 나와요.

오늘 나는 어떻게 살 것인가?

오늘 나는 악인들의 꾀를 따르면 안 되겠다.

오늘 나는 죄인들의 길에 서면 안 되겠다. 즉, 함께하면 안 되겠다.

오늘 나는 교만해지면 안 되겠다.

대신에 오늘 나는 하나님의 말씀을

곱씹고 곱씹고 곱씹고, 생각하고 생각하고 또 생각하는 삶을

살아야 하겠다고 다짐합니다.

왜 그렇죠? 하나님 말씀을 생각해야만 앞에 있는 세 가지를 안 할 수 있으니까요.

이렇듯 본문 안에서 잘 보면 있습니다.

이것을 빨리 발견하느냐 천천히 발견하느냐?

이 차이가 큐티를 계속해왔느냐, 그렇지 않느냐를 보여줍니다.

하나님이 성경에서 무언가를 말씀하실 때는
아주 심플하게 이야기하십니다.
무언가를 하라, 무언가를 하지 마라.
하지 말라는 게 365가지이고, 하라는 건 248가지입니다.

하나만 더 해볼까요? 창세기 22장 1-2절입니다.
"그 일 후에 하나님이 아브라함을 시험하시려고 그를 부르시되 아
브라함아 하시니 그가 이르되 내가 여기 있나이다 여호와께서 이르
시되 네 아들 네 사랑하는 독자 이삭을 데리고 모리아 땅으로 가서
내가 네게 일러준 한 산 거기서 그를 번제로 드리라."

이 본문에 나타난 하나님은 어떤 분입니까?
1절에서 하나님은 "시험하시는" 분으로 나옵니다. 하나님은 우리를
시험하지 않는다고 알고 있는데, 본문은 시험하신다고 말씀합니다.
그리고 아브라함을 부르고 말씀하시죠? 아브라함이 살던 시대는 기
록된 성경이 없었어요. 하나님께서 직접 음성을 들려주시는 거예요.
지금은 하나님이 우리를 무엇으로 부르실까요? 말씀을 읽는 자리,
찬양하는 자리, 예배하는 자리, 기도하는 자리… 그 자리에서 우리
를 부르십니다.

시험은 일상의 현장에도 많이 있습니다.

심지어 예배당 안에도 존재합니다.

즉, 기도하면서, 말씀 묵상하면서도 우리에게 시험이 찾아올 수 있어요. 본문이 그 증거입니다. 하나님은 지금 시험하시기 위해 아브라함을 부르셨잖아요?

자, 여기까지 발견했다면 묵상할 거리가 생기죠?

하나님이 최근에 나를 시험하고 계시는 것은 무엇일까?

내가 최근에 읽었던 말씀, 들었던 말씀을 돌아볼 때

마음이 불편했던 부분은 어디일까?

말씀을 들으면서 '아, 내가 꼭 저렇게까지 해야 하나?'

이런 생각이 들었던 것은 무엇일까?

말씀을 안 들었다면 그런 생각, 그런 질문은 안 했을 거예요.

그런데 그 말씀을 들었기 때문에 그 생각을 하게 됩니다.

우리는 하나님 성품이 선하시다는 것을 압니다.

하나님이 우리를 테스트하는 데는 목적이 있으신 거죠.

이 테스트는 말 그대로 훈련시키는 겁니다.

그러니까 앞서 얘기한 51% 이상의 경향성을 갖게 하려고

하나님께서 그렇게 이끌어가시는 거예요.

맞아요. 어떤 때는 하나님이 나를 시험하신다고 느끼다가도, 막상 그런 상황을 만나면 머리가 하얗게 되어서 빨리 어려움에서 빠져나올 생각밖에 못하는 것 같아요.

네, 그렇습니다. 하나님이 우리에게 말씀하실 때 우리는 사실 어떻게 해야 하는지 알고 있습니다. '아, 하나님이 요걸로 나를 시험하시는구나. 이거 내가 믿음으로 이겨내야겠다.'
그런데 우리는 대부분 이런 반응을 보이죠.

'하나님, 이게 뭡니까?'
이런 날 선 질문을 던지면 하나님의 의도와 상관없는 방향으로 가게 되죠.

여기서 두 가지 문제가 생깁니다. 하나는 하기 싫은 마음과 다른 하나는 할 수 없는 나. 이 부분은 적용에 가서 자세하게 말씀드리겠습니다.

창세기 22장 2절에도 같은 질문을 던질 수 있습니다.
하나님은 뭘 하고 계십니까?
지목하고 계시죠? 누구를, 몇 번 지목하십니까?
한 사람을 세 번 정확하게 지목합니다.
"네 아들, 네 사랑하는 독자, 이삭."

하나님은 정확하게 변명할 여지 없이 지목합니다.

일상을 지나면서 계속 같은 상황에 빠지고 같은 결정을 해야 하고, 같은 고민을 하게 될 때가 있는데, 이게 그런 거예요.

아브라함에게 제일 소중한 게 누구일까요?
이삭이지요: 우리가 갈등하고 고민하는 문제들은 대부분 나에게 중요한 것들이에요. 안 중요하면 고민 안 하죠.
그럼, 이걸 생각하셔야 해요.
"나에게 가장 소중한 것이 하나님께는 소중하지 않을까요?"
하나님께는 이삭도 중요한 거예요.

'오늘 점심에 뭐 먹을까?'
그냥 밥 먹어도 되고, 짜장면 먹어도 돼요. 샌드위치 먹어도 괜찮아요. 그런데 점심에 손님 대접을 해야 하는 약속이 생기면 좀 달라지는 거죠. 하나님은 내 마음에 '이래도 좋고 저래도 좋은' 것은 테스트 안 하십니다. 그런데 내가 '하나님, 꼭 이거여야만 해요'라고 하는 것들은 반드시 테스트하세요. 그것을 통해 내가 하나님께 어떻게 반응하는지를 보고자 하시는 거죠.

이 본문을 볼 때마다 생각나는 사람들이 있어요.
오병이어 사건에 보면, 빌립이 계산은 참 빠르잖아요.

"이 사람들 다 먹이려면 200데나리온이 필요합니다. 대략 2,000만 원 정도 됩니다." 그리고 답을 딱 내어놓잖아요.

예수님은 왜 그걸 물어보신 거예요?

답이 필요해서가 아니죠.

어떻게 하려는지 보시려고요.

우리에게 주는 메시지는 무엇인가요?

하나님이 우리에게 시험이란 걸 주실 때 그분의 의도와 목적은 내가 어떻게 하려는지를 보시려는 거예요. 최근에 내가 고민하고 있는 것들, 이게 제일 중요하다고 생각하는 것 중에 두 마음이 왔다 갔다 하는 부분을 내가 어떻게 선택하고 결정해야 할지를 바로 알게 됩니다.

이 세 가지만 가지고도 이렇게 본문에서 묵상할 거리들을 많이 얻네요. 다른 방법에는 또 뭐가 있을까요?

3
묵상 ❷

5가지 '스페이스'
질문법

큐티 묵상에는 또 다른 방법이 하나 있는데
일반적으로 '스페이스'(SPACE)라고 부르는 방법이에요.

① 고백해야 할 죄가 무엇인가? (Sin to confess)

② 붙들어야 할 약속이 무엇인가? (Promise to claim)

③ 피해야 할 행동이 무엇인가? (Action to avoid)

④ 순종해야 할 명령이 무엇인가? (Command to obey)

⑤ 따라가야 할 모범은 무엇인가? (Example to follow)

이런 질문들이에요.

본문에 이 질문들을 던지면 답이 모습을 드러냅니다.
그럼 그게 메시지가 될 확률이 높습니다.

앞에서 읽었던 이사야 58장 11절을 예로 들어보겠습니다.
"여호와가 너를 항상 인도하여 메마른 곳에서도 네 영혼을 만족하
게 하며 네 뼈를 견고하게 하리니 너는 물 댄 동산 같겠고 물이 끊
어지지 아니하는 샘 같을 것이라."

여기서 고백해야 할 죄가 있나요?
본문에는 안 나와요.
내가 붙잡아야 할 약속은요?
나를 항상 인도하신다,
메마른 곳에서 영혼을 만족하게 하신다,
그리고 뼈를 견고하게 하신다,
또요? 너를 물 댄 동산처럼 만들어주신다.

이게 본문 속에서 우리가 붙들 메시지가 되지요? 가령, 본문에서
"네 영혼을 만족하게 하며…" 이 구절이 확 들어오고 마음 깊숙이
파고들었다면, 다른 구절은 잊으셔도 됩니다. 그 시간에는 그거 하
나만 붙들어도 됩니다. 이것을 붙잡고, "오늘 하루 하나님께선 내
영혼을 만족하게 하신다." 이것을 묵상하며 적용합니다. 어디에서
도요? "메마른 곳에서도."

하루를 시작하면서 예상하지 못했던 어려움들이, 메마른 곳들이 내 인생의 시간표에 찾아올 수 있죠? 그때마다 "내 영혼을 만족하게 하신다"는 말씀을 떠올릴 수 있죠. 그러면 그 상황과 환경이 나를 지배하지 않고 말씀이 나를 다스려서 마음을 지켜낼 수 있게 됩니다.

이 본문에서 내가 피해야 할 행동은 무엇인가요?
막상 선한 길로 인도하신다고 하지만, 내가 볼 때는 아닌 거죠. 내 눈에는 시편 23편에 나오는 사망의 음침한 골짜기처럼 보입니다. 그런데 해를 두려워하지 않아도 되는 이유는?
"주께서 나와 함께하심이라."
그런데 우리 눈에는 그냥 골짜기만 보이는 거죠. 함께하심이 안 보이니 그저 뒷걸음질 치려고 하는 거예요. 하지만 거기에 주님이 함께 계시기 때문에 잘 건너기만 하면 되거든요. 우리에게 필요한 게 이런 담대함이죠.

본문에서 내가 순종해야 할 명령은 무엇인가요?
하나님이 인도하시면? 따라가야지요. 메마른 곳이라도요. 그런데 우리는 이걸 싫어하잖아요. 나를 인도하시는 곳이 가장 선한 곳임을 믿고, 거기서 생명이 터져 나올 것을 믿고 따라가는 게 필요해요. 우리는 하나님의 인도하심이 선하심을 다 지나서야 비로소 알게 되니까요.

따라가야 할 모범은?

본문에 직접적인 모범이 안 나오면 넘어갑니다.

시편 1편으로 연습해볼까요?

> ¹ 복 있는 사람은 악인들의 꾀를 따르지 아니하며 죄인들의
> 길에 서지 아니하며 오만한 자들의 자리에 앉지 아니하고
> ² 오직 여호와의 율법을 즐거워하여 그의 율법을 주야로 묵
> 상하는도다 ³ 그는 시냇가에 심은 나무가 철을 따라 열매를
> 맺으며 그 잎사귀가 마르지 아니함 같으니 그가 하는 모든
> 일이 다 형통하리로다(1:1-3).

첫째, 본문에서 내가 고백해야 할 죄는요?

악인의 꾀를 따랐던 죄, 죄인의 길에 섰던 죄,

그리고 오만한 자의 자리에 앉았던 것이

본문을 읽으면서 생각나겠죠?

아, 오늘부터는 그렇게 살지 말아야겠다.

그러면 내게 주신 말씀과 내가 해야 할 일이 분명해지죠?

둘째, 본문에서 내가 붙잡아야 할 약속은요?

"그가 하는 모든 일이 다 형통하리로다." 이게 약속이지요?

그런데 약속은 누구에게 주어집니까?

1절에 나온 세 가지는 하지 않고,
2절에 나온 두 가지를 하는 사람에게 주어집니다.

이런 식으로 다른 질문도 동일하게 적용해보는 거예요.
처음으로 본문을 읽을 때는 스토리를 파악하고, 두 번째로 읽을 때
이런 질문들을 던지기 시작하면 그 스토리 안에서 메시지를 발견합
니다. 하나님이 우리에게 통찰을 주세요.

앞에서 살펴본 창세기 22장을 이 방식으로 더 해볼까요?

> ¹ 그 일 후에 하나님이 아브라함을 시험하시려고 그를 부르
> 시되 아브라함아 하시니 그가 이르되 내가 여기 있나이다
> ² 여호와께서 이르시되 네 아들 네 사랑하는 독자 이삭을 데
> 리고 모리아 땅으로 가서 내가 네게 일러준 한 산 거기서 그
> 를 번제로 드리라(22:1-2).

본문에서 내가 순종해야 할 명령은 무엇인가?
"번제로 드리라."
하나님이 태우라고 말씀하신 게 뭘까요?
나한테 가장 중요한 것. 내가 가장 중요하다고 생각하는 그것.

실질적으로 이 문제를 고민하는 분이라면 딱 떠오르겠죠?

'그럼, 그 문제를 어떻게 해야 할까?'

이런 마음을 먹고 정리가 되는 단계까지 오면 큐티는 성공이에요.

그다음은 내가 어떻게 실천하는가에 달려 있습니다.

3
나만의 묵상법

이렇게 묵상을 위해 마르틴 루터식을 하든지, 스페이스 방식을 하든지 어떤 묵상의 방법을 사용하더라도 다 좋습니다. 큐티를 잘하기 위한 도움 장치니까 잘 사용하시면 좋아요.

그러나 개인적으로는 지금 권하는 세 번째 방법이 가장 좋다고 생각합니다.
바로 "나만의 묵상법"입니다. 이때 제일 중요한 게 개인적인 질문을 활용하는 거예요. 본문에 답이 있다고 생각하고 이 답지에 다양한 질문을 던져보는 것입니다.
연습을 한번 해볼까요?

이사야 58장 11절,

"여호와가 너를 항상 인도하여 메마른 곳에서도 네 영혼을 만족하게 하며 네 뼈를 견고하게 하리니 너는 물 댄 동산 같겠고 물이 끊어지지 아니하는 샘 같을 것이라."

이 본문을 읽으면서 이렇게 질문하는 거죠.
"하나님이 정말 나를 항상 인도하셨는가?"
그 질문에 대한 답은 뭐예요? 본문에는 '항상' 인도했다고 하시죠.

그다음 질문은 "하나님은 어디로 인도하시는가?"입니다.
본문에는 '메마른 곳'이라고 하죠. 하나님이 인도하셨는데 내가 지금 처한 상황(메마른 곳)을 보면 화가 나는 거예요.
출애굽한 이스라엘 백성이 광야로 들어가죠. 애굽에 살던 때는 살림살이도 있고 뭐라도 있었잖아요? 그런데 광야 생활을 하면서는 자기 삶이란 게 사라졌어요. 겨우 자기 몸뚱아리만 갖고 나와요. 그리고 가재도구 몇 개와 텐트 그리고 가축들. 이런 것만 들고 가나안 땅에 들어간다고 생각해보세요. 어떤 꼴이겠어요? 40년을 방황했으니 쉽게 말하면 거지꼴이겠지요? 그래서 사람들은 애굽에서 나올 때 금은 폐물을 다 가지고 나옵니다. 젖과 꿀이 흐르는 가나안에 들어가면 마음껏 쓰겠다는 생각이었던 거죠.

안타깝게도 이 땅에 있는 그리스도인들도 그런 식으로 살아요.

천국에서 새 인생을 살려고 이 땅에서 뭘해요?

뭔가를 다 쌓아둡니다. 그런데 하나님 나라는 그런 게 아니에요.

하나님 나라는 전부가 하나님이 주신 것으로만 이루어져 있어요.

요한계시록 21~22장을 보면 우리가 한 게 아무것도 없어요. 다 하나님이 준비해주신 것입니다.

이런 식으로 우리는 질문하고 하나님의 마음을 담아야 하는 거예요.

정말 본문에 답이 있다고 생각하고 질문을 던지니까 평소 하지 못했던 부분까지 들여다볼 수 있게 되네요. 신기해요!

하나님의 인도하심을 받았는데, 알고 보니 좁은 길이에요.

좁은 길을 간다는 게 얼마나 팍팍하고 힘든지 다 아시잖아요.

제가 다니던 신학교에서 예비 선교사들을 훈련하는 프로그램이 있었어요. 대만으로 일정 기간 총회 파송 선교사로 나간 적이 있어요. 처음부터 선교사가 되겠다고 헌신하고 신학을 시작하고 훈련을 받아왔기 때문에 이런 과정이 필요하다는 사실은 알았어요.

그런데 선교지에 있는 기간에 저는 깨달았어요. '선교지에 오면 이정도까지 믿음이 흔들리는구나. 선교가 쉬운 게 아니구나.'

그래서 제 안에 뭐가 생겼을까요?

'열심히 이것저것 준비해보자'는 생각?

아니면 '나는 선교사가 되면 안 되겠구나' 하는 생각?

저는 후자였어요. 제가 저는 선교지의 영적 실상을 감당하기에는
준비가 안 된 상태였던 거죠. 뭘 모르는 상태에서 마음만 뜨거운 채
로 철부지 강아지처럼 간 거예요.

'아, 하나님. 이러려고 절 여기 보내셨습니까?'
그때는 이런 생각만 계속 했어요. 하나님이 주신 꿈과 비전을 붙들
고 왔는데, 그 기간 메마른 땅만 경험했던 거죠.
그런데 오늘 본문에서 뭐라고 하세요?
그 메마른 땅에서 하나님이 어떻게 하신다고요?
"내 영혼을 만족하게 하며."

광야에서 만족스러운 게 뭐가 있겠어요?
아무것도 없잖아요.
그러면 그 만족은 내가 일상적으로 생각하는 만족과는 다른 거예요.

인생에 한 번쯤 이런 적이 있었을 거예요.
산해진미가 있어도 내가 금식하는 게 더 행복하고 기뻤던 때.
너무나 좋은 음식이 있는데 그 음식을 먹는 것보다
하나님 때문에, 그 은혜 때문에 금식하는 게 더 좋았던 때.
예배 때 찬송을 하는데, 전에는 잘 몰랐는데
어느 순간 찬양 가사가 인생 고백, 신앙 고백이 되어
종일 그 찬양을 계속 부르던 때가 있었죠?

아무것도 없는 상태에서도 그런 만족을 주신다는 거잖아요.
지금은 어떠세요? 누가 그 만족을 누리게 될까요?
지금 메마른 땅에 있는 사람!

산상수훈 혹은 오병이어 기적이 일어났던 벌판, 기억나세요? 예수
님께 말씀을 듣고 '이런 삶을 살아야 하는구나' 깨달으면서 개인적
이고 질적인 부흥을 경험하면 사람들은 만족의 기준을 더 이상 세
상의 것으로 잡지 않아요.
"주님, 그런 다 없어도 상관없습니다. 이것만 있어도 괜찮습니다."
이런 고백을 하게 되는 거죠. 이게 이 본문이 우리에게 주는 메시지
에요. 이처럼 내가 스스로 본문에 질문하기 시작하면 많은 것을 얻
어낼 수 있습니다.

하나만 더 연습해볼까요?
시편 1편 1-3절입니다. 이 중에 3절 말씀을 보고 질문을 던집니다.
"그는 시냇가에 심은 나무가 철을 따라 열매를 맺으며 그 잎사귀가
마르지 아니함 같으니 그가 하는 모든 일이 다 형통하리로다."

'나는 형통함을 원하는가?' 그렇다면 그다음 질문을 해야 해요.
'그 형통함은 누구의 것일까?'
'이 형통함은 어디에서 오는가?' 이런 질문을 계속 해봐야 해요.
나무가 건강하고 자기 능력이 있어서 풍성해질 수 있어요? 아니죠.

시냇가에 심겼기 때문에 풍성한 거예요.

이 풍성함과 좋은 것은 어디에서 오는 거예요?

하나님.

그럼 우리가 해야 할 일은 뭐예요?

풍성하게 열매 맺으려 애쓰는 게 아닙니다.

그저 물가에 머물러 있는 것.

이 본문을 보면 딱 떠오르는 신약 본문이 있지요?

요한복음 15장. 하나님은 농부, 주님은 포도나무, 우리는 가지.

가지가 열매를 맺는 거예요, 열매 맺히는 거예요?

나무가 열매를 맺는 겁니다.

나무가 열매를 맺고 가지에는 맺히는 거예요.

그럼, 가지인 우리가 해야 할 중요한 일은 무엇인가요?

그저 나무에 찰싹 붙어 있는 것입니다.

'이 풍성함을 위해 난 뭐하지?'

물가에 그냥 있으면 됩니다.

1절과 2절에 방법이 나왔죠.

하지 말아야 할 것, 해야 할 것.

또 하나, 생각해볼 것은 나무가 열매를 맺을 때 자기가 먹으려고 맺습니까?

이 풍성한 형통함은 누구의 것입니까? 주인 것입니다.

포도나무 가지에 맺힌 열매는 가지에게 좋으라고 맺힌 게 아니에요.

주인을 위해서입니다.

그러므로 하나님이 열매를 다시 가져가시면

나는 어떻게 해야 할까요? 기뻐해야 합니다.

그런데 우리가 제일 싫어하는 게 있습니다. 뭐예요?

받았다가 뺏기는 것.

창세기 22장에서 우리가 봤잖아요? 하나님이 아브라함에게 이삭을

주셨다가 다시 가져가신다고 하셨죠. 그럴 때 사람은 열받는 거예요.

이렇게 말씀이 촘촘하게 이어져 있네요! 질문을 던질수록 다른 말씀이 생각

나서 연상이 됩니다. 스토리 발견에 그치지 않고, 그 안에서 숨은 메시지를 발

견하려면 질문을 많이 해야겠습니다.

그럼, 좋은 질문이 나오려면 어떻게 해야 할까요?

땅을 깊게 파려면 어떻게 파야 해요?

요즘은 기계로 파니까 잘 모르겠지만, 삽으로 판다고 해보세요.

땅을 깊게 파려면 먼저는 '넓게' 파야 합니다.

본문을 보고 내가 던질 수 있는 질문들을 충분히 적어보세요. 그러

면 그 질문에 본문이 들려주는 답이 있어요. 그것이 본문 스토리를

통해 나에게 전하시는 하나님의 메시지가 될 수 있습니다.

질문하면 하나님의 말씀이 살아 있기 때문에
질문을 받은 말씀이 나에게 대답하는 거죠.
그걸 통해 우리는 스토리와 더불어 메시지를 발견합니다.

창세기 22장 1-2절 본문에 저는 이 질문을 던져보았습니다.
"하나님은 언제 아브라함을 시험하십니까?"
본문에 나오죠. '그 일 후에.'
이제 그 일이 뭔지를 살펴보면 되잖아요. 잠깐 찾아보면, 그 전에
이스마엘 문제가 해결돼요. 그러니까 인생에서 굉장히 중요하고 어
려웠던 문제가 다 해결된 거예요. 평화가 찾아온 거죠.
그때 하나님이 뭘 하세요? 시험하세요. 내 인생의 문제가 어느 정도
해결된 그때, 하나님이 날 시험하세요.
왜 그럴까요? 문제가 있으면 우리는 누구를 붙잡을까요? 하나님이
요. 그런데 문제가 다 해결되고 만사형통하면요? 그때는 어떻게 할
까요?

이 질문을 보면 떠오르는 본문이 있어요.
예수께서 나병환자 열 명을 고쳐주시죠.
그런데 한 명만 예수님을 다시 찾잖아요. 아홉 명은 어디 갔어요?
병이 낫기 전과 나은 후가 다른 거예요.

우리도 다 그래요.

우리는 '이 기도 제목'이 중요하다고 생각하는데 하나님은 아니에요.

내 기도 제목이 이루어진 다음이 훨씬 더 중요합니다.

그것이 이루어진 다음에 내가 하나님께 어떤 태도와 자세를 갖고 있느냐가 중요한 거죠.

우리도 마찬가지예요. 우리가 뭔가를 결정하는 결정권자라고 생각해보세요. 그것을 확인해주기 전까지는 굉장히 잘하던 사람인데, 내가 도장 찍자마자 태도가 완전히 달라져요. 그럼 어떨까요? 계속 보고 싶겠어요?

아브라함은 이걸 잘했던 거예요. 이스마엘 문제가 이삭 때문에 생긴 거잖아요. 둘 다 자기 자식인데, 어떻게 해야 하나 많이 고민했을 거예요. 그러다가 과감히 이스마엘을 정리합니다.

그런데 이제는 이삭마저 달라고 하세요.

아브라함 입장에서는 이렇게 질문할 수 있어요.

"하나님, 이게 뭐에요?"

순종해서 이스마엘 해결하고 여기까지 왔는데 이게 뭡니까?

우리도 비슷한 질문을 많이 해요.

그런 상황을 만났다면 십중팔구 하나님께서 우리를 시험하는 중이라고 보면 됩니다.

하나님이 뭘 하라고 하시죠? 번제를 드리라.

하나님은 자녀를 태워 없애는 풍습, 그거 싫어하셨잖아요?
그런데 지금 그걸 하라는 거예요.

뭔가를 선택할 수 없을 때 우리는 어떻게 합니까?
선택을 안 해요. 시간을 보냅니다.
그런데 이후 본문을 보면 아브라함은 어떻게 해요?
새벽에 일어나 바로 출발하죠? 이게 너무 잘한 거였죠.
그 순간에 순종하면 하나님이 결과들을 보여주시기 시작해요.
그렇지 않고 안 떠나고 머물면 어떻게 될까요?
결과를 보지 못하고 계속 원망만 하다가 시간을 보냅니다.

일단 순종하면, 그 선한 결과를 보게 되죠.
'아, 하나님이 나를 시험하신 이유가 있구나.'

내가 어떤 수준의 믿음을 갖길 하나님이 원하시는지 깨닫습니다.
우리는 '이 정도 수준이면 괜찮아'라고 생각해요.
그렇지만 하나님은 더 큰 걸 주고 싶어하세요.
그릇을 키워주려 하십니다.
그렇게 성장하고 성숙하기 위한 방법은 뭘까요?
내 인생에서 가장 중요한 것을 내려놓는 일.

'하나님인가, 이삭인가?' 이것을 질문하는 거거든요.

아브라함은 너무 잘했죠. 하나님이 주신 이삭보다 이삭을 주신 하나님을 더 귀하게 여겼어요. 하나님이 주신 건강 때문에 하나님을 잃어버리는 사람 많아요. 하나님이 주신 성공 때문에 하나님이 필요 없게 된 사람이 정말 많습니다. 하나님이 주신 힘과 자리가 하나님 없어도 살게 해요.

우리는 이것을 주신 분이 하나님이란 사실을 기억해야 해요. 이걸 우리에게 주셨듯 다시 가져가실 수도 있음을 기억합시다.

이렇게 나름대로 질문을 던져보니까 묵상이 정말 풍성해졌네요.

네, 다시 말하지만, 자기 언어로 질문하는 것. 이게 제일 좋은 거예요. 그리고 그 질문을 꼭 기록하십시오. 본인만 알 수 있게 기록하세요. 그리고 그 질문에 대한 답을 찾으면 표시하세요.

그러면 그 본문을 통해 주시는 메시지가 선명히 드러나고
메시지가 나오면 어떻게 해야 할지가 자연스럽게 정해집니다.
큐티하면서 각자의 삶에 이런 일들이 풍성히 일어나기를 축복합니다.

4
적용 ❶

치명적으로 중요한 두 가지 태도

이제, 적용 부분을 같이 보겠습니다. 적용에서 가장 중요한 건 태도예요. 적용을 위해서는 두 가지 태도가 필요합니다.

첫째, 하나님의 기준을 받아들이겠다는 태도.

마가복음 10장 25절 말씀입니다. "낙타가 바늘귀로 나가는 것이 부자가 하나님의 나라에 들어가는 것보다 쉬우니라."

자, 낙타를 바늘귀 안으로 넣기 위해 필요한 일은 뭐죠? 바늘귀를 크게 만들면 됩니다. 낙타를 작게 만들 수는 없으니까요.

본문의 부자는 문맥상 마가복음 10장의 청년 관원이자 부자이던 사람을 말합니다. 그 부자가 하나님 나라에 들어가는 것보다 낙타가 바늘귀로 들어가는 게 더 쉽대요. 왜 그럴까요? 하나님의 기준은 넓히기가 어렵기 때문입니다. 그럼 누가 달라져야 해요? 하나님 나라의 문을 더 넓혀야 하나요? 아니면 부자가 바뀌어야 하나요?

부자가 바뀌어야 합니다.

하나님이 바뀌는 게 아니라 부자가 변해야 합니다.

이것이 적용의 태도입니다.

'무슨 말씀이 이래? 도대체 어떻게 하라는 거야? 이걸 어떻게 실천해?' 우리를 당혹하게 하는 말씀을 만났을 때 흔히 이런 반응을 보입니다. 말씀을 읽을 때 그런 말씀이 우리에게 찾아와요. 예를 들어, 이쪽 뺨을 맞았는데 다른 쪽 뺨을 돌려 대라고 하시죠. 우린 그렇게 안 합니다. 한쪽 뺨을 맞으면 뒤집어엎어야 해요. 그런데 예수님은 다른 쪽도 돌려 대라고 말씀하시죠.

> 맞아요. 굉장히 시험이 되는 말씀이 있어요. 사실, 이걸 적용해야겠다고 생각 자체를 하기 힘든 것 같아요. 그냥 '넘사벽' 느낌이거든요.

그래요. 굉장히 팍팍하게 느껴지죠. 말씀을 적용하는 태도를 점검하기 위해 "포도원 일꾼 비유"를 한번 볼까요?

마태복음 20장 1~16절이에요. 오후 5시에 온 사람부터 한 데나리온을 줬잖아요. 그리고 그전에 9시, 12시, 3시에 온 사람도 똑같이 한 데나리온 받았어요.

일찍 먼저온 사람이 열받은 건 뭐예요?

'불공정하다!' 먼저 와서 수고한 내가 더 많이 받았어야 한다는 거죠.

만약 여러분이 9시, 12시, 3시에 들어온 일꾼이라면 다음 날 몇 시에 그 포도원 앞에 서시겠어요? 혹시 오후 5시 아닌가요?

'아, 그 주인은 1시간만 일해도 다 줘.' 처음에는 고마웠는데, 나중에는 이걸 이용하죠.

그런데 잘 생각하셔야 해요. 5시에 와서 처음 한 데나리온을 받았던 사람은 다음날 언제 올까요?

여러분이 그 사람이라면 몇 시에 오겠어요? 동일하게 5시?

그러면 우리는 하나님 나라에 들어갈 수 없는 부자와 같은 마음을 가진 사람들인 거예요. 내가 1시간밖에 일을 못 했는데 내가 받을 삯보다 훨씬 큰 은혜를 주신 그 주인을 위해 저라면 다음날 제일 일찍 가서 설 거예요. 그리고 혼자 안 갈 거예요. 가족을 다 데리고 갈 겁니다. (그 주인과 가까이 있는것이 우리에게 좋기 때문입니다.)

'이 주인하고 친해져야 해. 이 주인은 정말 좋은 분이야.'

제가 아는 사람들에게 그렇게 이야기할 거예요.

그 본문을 읽으며 또 이런 질문이 나옵니다.

"어, 1시간 일하고 한 데나리온 받았다면, 3시간 일했으면 세 데나리온 받는 거 아냐?"

그렇게 질문하면 우리는 이미 천국에 합당한 사람이 아닌 거예요. 은혜를 삯으로 만드는 사람인 거죠.

적용은 철저하게 나한테 하는 겁니다.
낙타가 해체되고, 부자가 바뀌어야 합니다.
바늘귀를 크게 만들고 하나님 나라 문을 넓히는 게 아니에요.
하나님은 기준이 분명합니다. 뿌린 대로 거두게 하십니다.
그 기준을 우리가 흔들 수 없어요.
우리가 할 일은 끊임없이 자기 기준을 해체하고 변화를 받아들이는 거예요. 이게 적용의 태도입니다.

둘째, 내 선택과 바람의 기초를 하나님께 두겠다는 태도.

예레미야 17장 5-6절을 봅시다.
"무릇 사람을 믿으며 육신으로 그의 힘을 삼고 마음이 여호와에게서 떠난 그 사람은 저주를 받을 것이라 그는 사막의 떨기나무 같아서 좋은 일이 오는 것을 보지 못하고 광야 간조한 곳, 건건한 땅, 사람이 살지 않는 땅에 살리라."

믿을 만한 사람이 많다는 것은 인맥 좋고 힘 있는 위치에 있다는 의미입니다. 현대 사회에서 말하는 '성공한 사람'입니다. 그런데 성공했는데 어때요? 하나님은 떠났대요. 그런 사람을 예레미야는 사막의 떨기나무와 같은 존재로 묘사합니다. 정말 풍성하고 좋아 보이고, 건강하고 성공했는데 하나님 보실 땐 그렇지 않은 거죠.

우린 그런 굉장한 인맥이 없더라도, 그런 힘이 없어도 마음이 하나님께 가 있어야 한다고 알고 있잖아요? 둘 중에 어떤 것을 선택하시겠어요?

'죽기 전까지는 돈 많고 힘 있는 사람으로 자유롭게 살다가 죽기 전에 믿으면 되지…' 이렇게 많이 생각해요. 하실 수 있으면 그렇게 하시면 좋지요. 하지만 가는 순서가 정해진 건 아니잖아요? 우리는 어찌 될지 모른다 말이에요. 그러니까 어떻게 해야 해요? 지금 해야 해요. 지금. 지금 내 마음을 확정해서 주님의 것을 선택하지 않는데 내일 어떻게 그 일을 하겠어요? 절대로 불가능해요.

나중에, 나중에, 나중에, 하다가 끝납니다.

지금 그 일을 해야 하는 거죠.

예레미야 17장 7-8절을 보겠습니다.

"그러나 무릇 여호와를 의지하며 여호와를 의뢰하는 그 사람은 복을 받을 것이라 그는 물가에 심어진 나무가 그 뿌리를 강변에 뻗치고 더위가 올지라도 두려워하지 아니하며 그 잎이 청청하며 가무는 해에도 걱정이 없고 결실이 그치지 아니함 같으리라."

물가에 심긴 나무가 걱정이 없는 이유는? 물가에 있기 때문이죠.

물가에 심겼다고 해서 더위가 사라지진 않습니다.

그런데도 괜찮은 거죠.

자연 세계에서 나무가 겪는 시련은 홍수나 가뭄 같은 거겠죠? 그런 상황에서는 나무 스스로 생명력을 갖는 데 한계가 있어요. 그렇지만 뿌리가 물 근원과 연결되어 있다면 어때요? 안심이지요. 외형은 앙상해보일 수도 있고 물에 잠긴 것처럼 보이기도 하지만 가뭄이 끝나면 어때요? 계속 살아 있지요.

우리도 마찬가지예요. 인생에는 홍수나 가뭄같이, 우리 힘으로는 어떻게 할 수 없는 게 찾아와요. 그때, 내 뿌리가 보이지 않는 곳에서 물과 연결되어 있으면 그 시간이 다 지난 후 나는 다시 어때요? 살아나는 거예요.

특별히 자신이 원인 제공을 하지 않았어도

경험하게 되는 시련이 있어요.

그 시련들이 찾아오더라도

내가 하나님과 관계를 잘 맺었다면 괜찮다는 걸 보여줍니다.

안심이 되는 말씀이네요. 내가 하나님이라는 근원과 연결되어 있는지 확인하기 위해 큐티를 하는 거군요!

이 본문이 우리에게 보여주는 게 있어요. 나무의 문제가 아니에요.

그것이 어디에 심겨져 있는지, 보이지 않는 뿌리가 물에 가 닿았는지 아니면 닿지 못하는지에 따라 완전히 달라지잖아요.

적용도 마찬가지로, 내 선택과 바람이 하나님과 연결된 것일까 아니면 그렇지 않은가를 끊임없이 생각하면서 적용하려는 태도가 필요해요.

앞에서 언급했듯, 여러 질문을 다방면으로 던지다 보면

쉽게 적용점을 발견할 수 있어요. 그런데 그게 잘 안 된다면 다음과 같은 8가지 질문을 던져보세요. 더 세밀한 적용이 가능해집니다.

① 내가 따라야 할 모범이 있는가?
② 내가 조심해야 할 오류가 있는가?
③ 내가 피해야 할 죄가 있는가?
④ 내가 붙잡아야 할 약속이 있는가?
⑤ 내가 순종해야 할 명령이 있는가?
⑥ 내가 구비해야 할 조건이 있는가?
⑦ 내가 직면해야 할 도전이 있는가?
⑧ 내가 드려야 할 기도가 있는가?

4
적용 ❷

그리스도인답게 살아가기 위한 내면의 힘

마지막으로, 적용하는 데 지켜야 할 원칙이 세 가지 있습니다.

먼저는, 개인적(personal)으로 적용해야 합니다.
앞에서 말한 8가지 질문에서
빠지지 않고 들어가 있는 단어가 있지요?
내가. 다 내가 뭔가를 해야 하는 거예요.
이 질문을 던지면 자연스럽게 적용할 게 생깁니다.

시편 1편에서 내가 따라야 할 모범은? 악인들의 꾀, 죄인들의 길, 오만한 자의 자리에 같이 앉지 않는 것. 이것을 내가 해야 하는 거죠.

또 있지요? 율법을 즐거워하고, 율법을 묵상하는 것. 이것 또한 내가 해야 할 것이죠.

말씀을 듣다 보면 이런 생각이 떠오릅니다.
'아, 이 말씀은 그 사람이 들어야 하는데. 이 말씀을 내 아이가 들었어야 하는데…' 그렇지 않습니다. 그 말씀을 내가 들었다면, 나에게 전달된 것이라면 하나님은 나에게 변화를 원하시는 거죠.

두 번째, 실질적이어야(practical) 해요
세 번째, 실천 가능해야(possible) 합니다.

이 둘을 함께 이야기해볼게요. 가룟 유다가 예수님을 팔 생각을 마귀가 주었다고 성경은 말합니다(요 13:2). 마귀가 그 생각을 주었다면, 가룟 유다에게는 잘못이 없는 게 아닌가요?
그렇지 않습니다. 받으면 안 되는 거죠. 악한 마귀가 그 생각을 나에게 주더라도 그걸 내가 받으면 안 되는 거예요. 마르틴 루터도 새가 머리에 나뭇가지를 떨어뜨릴 수는 있지만 집을 짓게 두어서는 안 된다고 했어요. 그냥 두면 안 된다는 겁니다.

이게 중요합니다.
하나님이 우리에게 말씀을 심어주어
우리가 자동적으로 거기서 벗어나지 않으면 얼마나 좋겠어요?

그런데 하나님은 그런 방식으로 안 하세요.

악한 마귀가 주는 생각을 내가 걷어내야 하는 것처럼

하나님이 내게 주시는 말씀은 내가 붙들어야 하죠.

룻이 시어머니를 '붙좇았다'라고 했어요(룻 1:14).

'꽉 붙들고 함께 따라갔다'는 말인데, 우리에게도 이런 태도가 필요

합니다.

큐티할 때 하나님이 우리에게 주시는 말씀이 있어요.

그것을 꽉 붙잡아야 실천 가능한 삶을 살게 됩니다.

그렇지 않으면 아는 데서 끝나는 거죠.

본문 묵상을 하면 적용 거리가 여럿 나올 수 있습니다.

그중 한 가지만 선택해 집중해보세요.

그리고 기도한 후에 적용할 것을 생각하면서 하루를 살아가면 되

겠죠?

좋은 생각을 하면 저절로 좋은 사람이 될까요?

그런데 생각은 착한데 왜 행동은 악한가요?

그런 사람이 좋은 생각을 가진 사람이라고 볼 수 있겠어요?

내가 좋은 생각을 많이 한다고 하나님과 나를 지켜보는 사람이

나를 좋은 사람이라고 인정해주지는 않습니다.

내가 좋은 생각을 가지고 있다는 것을 보여줘야 합니다.

뭘 통해서요? 삶을 통해서요

내가 하는 말, 내가 보는 눈,
내가 무언가를 선택하고 결정하는 태도를 통해
하나님의 사람이 어떤 방식으로 어떻게 살아가는가가 나타나요.

아는 것보다 더 중요한 건 우리가 뭘 보여주느냐예요.
우리는 흔히 이런 변명을 많이 해요.
'내가 그러려고 했던 게 아니야.'
물론 마음은 그랬을 거예요. 그런데 사람들은 무엇을 봤어요?
그렇게 하려고 한 걸 본 거예요.
그런 설명이 필요 없게 행동했으면 더 좋았을 뻔했어요.

우린 가만히 있으면 저절로 좋은 사람이 될 수 없어요.
제가 계속 강조해서 말씀드리죠?
제 속을 열어 보여드리면 실망하실 거예요.
제 속을 가장 많이 아는 사람은 누굴까요? 제 아내겠죠.
제가 아내에게 당당할까요? 아니면 부끄러운 게 많을까요?
마찬가지로, 제가 하나님 앞에서는 당당할까요, 부끄러운 게 많을까요?

이 간격을 줄이려고 큐티하는 거예요.

큐티를 아주 잘해서, 하나님 음성을 기가 막히게 잘 듣고,
본문을 잘 이해하는 사람이 되는 것은 별로 안 중요합니다.
이 메시지를 잘 소화해서
그리스도인답게 사는 게 가장 중요합니다.
매일 한 가지라도 그거 해내려고 큐티하는 거예요.
이걸 평생 하다 보면
완벽하지 않은 거 알지만 그렇게 노력했던 나를
지켜보시면서 어떤 말씀을 해주시지 않을까요?

천국 문 앞에 딱 섰을 때 제가 보고 싶은 장면이 있어요.
하나님께서 '엄지 척' 해주시는 거예요. 말이 필요 없잖아요.
이런 순간을 떠올리면 큰 위로와 격려가 되고 힘이 됩니다.

5 말씀 실천의 도구

나눔 ❶

큐티를 다른 분들과 함께 나누면 어떤 점이 좋을까요?

첫 번째, 효과적이고 지속적인 큐티가 가능해집니다.

"올 한 해 이렇게 살겠다." 이렇게 약속하지만, 그 약속을 혼자만 알고 있다면, 흐지부지해지는 경우가 굉장히 많아요. 그래서 많은 사람이 모여 자신이 그 약속을 어떻게 지키고 있는가를 서로 체크하고 피드백하면 이 약속을 잊지 않게 되고, 계속 실천하도록 하는 힘과 울타리가 됩니다.

그러므로 중요한 것이 있습니다. 나를 과신하지 않아야 합니다. 사람은 자신에게 가장 관대하니까요.

두 번째, 단순히 말씀 해석에 그치지 않고 적용과 실천으로 이어질 수 있습니다.

내가 어떤 말씀을 깨달았는가를 나누는 게 큐티 나눔이 아닙니다. 그것보다는 나에게 주신 말씀이 무엇이었고, 내가 이 말씀을 "어떻게 실천했는지"에 대한 내용이 주를 이룹니다.

본문을 보고 깨달은 것, 새로 발견한 것만 나눈다면 그저 말뿐인 모임이 될 수도 있어요. 그래서 큐티 나눔에서는 일상에서 그 말씀을 실천했을 때 나에게 어떤 변화가 일어났는가를 점검하고 이야기하는 것이 중요합니다.

우리는 머리로는 제법 많이 압니다. 그러나 아는 것을 실천하는 게 중요할 뿐입니다. 가령, 운동해야 건강을 유지할 수 있다는 건 누구나 알아요. 그럼에도 실제로 몸을 움직여 꾸준히 운동하는 것은 쉽지 않습니다. 그래서 사람들은 운동 장소를 잠시 돈을 내고 빌리거나, 함께 운동할 사람을 찾죠? 또 운동하면서 구체적으로 몸이 어떻게 변화되었는지를 기록으로 남겨요. 그렇게 해서 자기 몸이 어떻게 바뀌고 있는지 온몸으로 느끼는 거죠.

내가 무엇을 어떻게 실천하고 적용했는지에 관한 구체적인 나눔이 주어질 때 계속 그 일을 하고픈 동기가 생깁니다. 또 그것 때문에 도전받는 사람이 생기죠?

큐티도 마찬가지입니다.

내 머릿속에 있을 때보다 몸 밖으로 나왔을 때

실제로 우리에게 더 큰 영향력을 미칩니다.

세 번째, 나눔을 통해 받은 은혜는 다른 사람에게 은혜의 통로가 됩니다.

"하나님께서 주신 말씀을 실천해보니 이런 일이 생겼습니다."

이렇게 간증할 때 자랑이 아니라 영적인 도전이 됩니다.

'저분이 만난 하나님, 나도 만날 수 있겠구나. 나도 해봐야겠다.'

이런 마음이 듭니다. 그래서 큐티 나눔을 잘하면 서로에게 격려와 위로를 주는 은혜의 통로가 됩니다.

5
나눔 ❷

무엇을 나눌
것인가?

그럼, 무엇을 나눌 것인가를 한번 정리해보겠습니다.

첫 번째, 개인적으로 큐티한 내용을 나눕니다.
나눔은 내가 개인적으로 큐티한 내용, 실천한 내용을 나누는 것입니다. 내가 배운 것, 공부한 것 말고, 내가 직접 말씀을 대면해 읽으면서 하나님께서 그날 나에게 깨닫게 하시고, 그날 실천한 것, 이런 개인적인 내용만 나누면 됩니다.

두 번째, 본문 내용이 아니라 나에게 주신 메시지를 나눕니다.
내용을 설명하려는 분들이 가끔 있어요. 그런데 큐티 나눔 모임은 스토리를 나누는 게 아닙니다. 그 스토리 속에서 묵상의 씨앗이 되는 말씀을 통해 하나님께서 자신에게 주신 메시지가 무엇인지를 나누는 거죠. 내용을 설명하게 되면 자칫 설교 비슷하게 될 수 있습니다. 그래서 철저하게 나에게 주신 메시지를 중심으로 나누어야 합니다.

세 번째, 자신이 결심한 적용을 나눕니다.

그날 내가 구체적으로 무엇을 하기로 결정했는지 그리고 그것을 어떻게 해봤는지… 이것이 굉장히 중요해요. 둘 중 하나겠지요. 이것을 해봤는데 너무 좋았다, … 하면서 정말 힘들었다. 둘 다 괜찮아요.

그동안 큐티 모임에서 새로 발견한 것들, 신기한 사실을 자랑하듯 나눈 적이 많았는데, 쥐구멍에라도 숨고 싶네요. 사실 말씀에 순종하기 힘들어서 그냥 설명하는 것으로 때운 적이 많았거든요.

예수님을 따르는 일은 우리에게 정말 쉬운 일이 아닙니다.

순종하긴 하지만, 항상 기쁜 일은 아니거든요.

그래서 말씀대로 실천해볼 때,

좋은 것도 있지만 어려운 부분도 반드시 있지요.

이것을 정직하게 나누는 일이 필요해요.

그러면 자신을 조금 더 멀리 떨어져 볼 수 있습니다.

5 어떻게 나눌 것인가?

나눔 ❸

나눌 때 몇 가지 주의할 점이 있습니다.

첫 번째, 나눌 것이 없다면 솔직하게 없다고 합니다.
진짜 그런 날이 있어요.
어떤 본문을 읽고 묵상했는데
도무지 떠오르는 게 없는 날이 있지요.

그런 날이면 사람들은 흔히 이렇게 생각합니다.
'나는 왜 이렇게 말씀 보는 눈이 없지?'
자책을 많이 하세요.

하지만 그럴 필요 없습니다.

하나님도 때로는 침묵하십니다.
우리가 실수하고 잘못해서 침묵하실 때도 있지만
하나님께서 더 원하는 것이 없기 때문에 그러실 때도 있습니다.
우리가 지금 잘하고 있는 거예요. 그래서 하나님이 침묵하시는 경
우도 있거든요. 그런 경우는 이렇게 생각하시면 됩니다.
'나 잘 살고 있구나.'

무언가가 나눌 만한 내용이 눈에 들어오지 않는다면,
'평소처럼 살면 되겠구나.'
스스로 이런 마음으로 다독이시면 좋겠습니다.

두 번째, 비밀은 비밀로 남아 있어야 합니다.
큐티 나눔을 할 때 하나님께서 우리 심령을 찔러 쪼개 누군가에게
말하지 않아도 되는 것을 말할 때가 있어요. 좋은 일이긴 합니다.
하지만 이런 때라도 굉장히 조심하셔야 합니다. 하나님과 나만 알
고 있어야 하는 인생의 비밀도 있어요. 예수님도 기도하실 때 제자
들을 데리고 가신 적도 있지만 혼자 가신 적이 더 많습니다. 제자들
을 데리고 가서 그 기도한 내용이 기록된 부분이 있죠? 그런 것은
우리가 모두 알아야 하는 내용입니다. 그런데 군이 누군가에게 이
야기하지 않아도 되는 게 있어요. 오히려 언급하면 후폭풍이 크게

올 만한 일이 개인적으로 있을 겁니다. 그런 것은 잘 생각하셔서 이야기하지 않는 것이 서로를 보호하는 길입니다.

때로는 다른 모임 안에서 나누었던 기도 제목들을 당사자의 동의를 구하지 않고 다른 사람에게 전달하는 경우가 있습니다. 그렇게 되면 사실은 좋은 뜻으로 한 것이라도, 결론적으로 굉장히 마음 아픈 일이 생길 수 있습니다. 그러므로 비밀은 비밀로 남아야 합니다.

세 번째, 나눔의 내용을 두고 평가하지 않아야 합니다.
큐티는 굉장히 주관적인 사건입니다. 하나님이 저분에게는 저렇게 말씀했구나 생각하면 됩니다.

네 번째, 개인적 적용 없이 깨달음만을 말하는 것을 조심하십시오.
그러면 아는 것만 많아지고 실제로 몸은 움직이지 않을 수 있죠.
운동이 좋은 줄 알지만, 몸은 안 움직이는 것과 같은 상태가 됩니다.

다섯 번째, 말씀을 타인에게 적용하는 일은 본질에서 벗어난 것입니다.
누군가의 변화를 간절히 바라겠지만, 하나님께서 그에게 말씀하실 것을 믿어야 합니다. 이 말씀은 나에게 주신 것임을 기억하고 먼저 나에게 적용하는 것이 필요합니다.

큐티하고 깨달은 것을 나누는 게 얼마나 의미 있는지 잘 알았습니다. 하지만 그냥 혼자 말씀을 묵상하고 기도하는 게 더 좋지 않나 생각됩니다. 모이는 것이 번거롭기도 하고요.

내가 어떤 방식의 큐티를 하고 있는지를 점검하는 5가지 기준이 있습니다.

- 남을 위한 큐티
- 혼자만을 위한 큐티
- 비교하는 큐티
- 적용 없는 큐티
- 나눔이 있는 큐티

첫째, 남을 위한 큐티.

이 방식으로 큐티 하는 사람은 깨달은 말씀을 '누군가에게 적용시키고자' 본문을 보고 메시지를 발견합니다. 큐티 모임을 시작하면, 조금 더 깊이 깨닫고 넓게 본 말씀을 나누는 걸 굉장히 좋아합니다. 하지만 이건 큰 함정입니다. 그렇게 할수록 스스로는 성숙한 것 같지만 하나님 입장은 좀 다릅니다.

다 알지만 실천하지 않은 사람, 가장 중요한 것을 빼놓고 있는 사람에 가깝다고 할까요? 예수님은 바리새인들을 책망하셨죠? 당시에 바리새인들은 뭇 사람들의 존경을 받았습니다. 하지만 깨달은 것을 자기가 아니라 타인에게 적용하는 사람이었어요. 그러니까 남을 위한 큐티를 하다 보면 바리새인처럼 될 수 있습니다.

이런 사람들이 모인 곳에 가면 굉장히 신선해 보여요. 콘텐츠가 좋으니까요. 그런데 다른 사람에겐 좋을지 몰라도 자기에게는 독이 되는 방법입니다. 이것을 주의하셔야 합니다.

둘째, 혼자만을 위한 큐티.

큐티는 철저히 개인적인 영역이라고 했지요? 어쩌면 이렇게 혼자 하는 큐티는 아주 정상적으로 보여요. 그런데도 나눔을 추천하는 이유는 혼자만 하면 외골수로 빠지기 때문입니다. 내가 본문을 바로 읽는지 아니면 잘못 읽는지 점검할 방법이 없습니다. 하지만 많은 사람과 같은 본문을 공유하고, 거기서 실천한 것을 나누다 보면 자연스럽게 자기에게 부족한 데가 드러나죠.

매번 나눔을 할 필요는 없지만 가급적이면 정기적으로 내 큐티를 점검받을 필요가 있습니다. 거기서 내게 주신 말씀과 실천했던 것을 나누고 공유하는 일은 개인적인 건강 상태를 확인하는 데 큰 도움이 됩니다.

셋째, 비교하는 큐티.

사실 큐티에는 정답이 없습니다. 각자 상황이 다 다르잖아요. 같은 본문이라도 본인 상황과 삶에서 경험한 문제에 따라 적용되는 포인트가 달라져요. 말씀을 통해 하나님이 그에게 주시는 메시지도 달라지겠지요? 그러니까 사실은 모두가 다른 거죠.

저게 더 낫다, 이게 더 깊다, 이게 더 넓다….
이런 생각을 할 때가 있는데, 조심해야 합니다.
무언가가 더 좋다, 더 깊다, 더 넓다는 기준은
우리가 판단할 수 있는 영역이 아닙니다.

하나님이 나에게 주신 말씀,
나에게 깨닫게 해주신 말씀,
그리고 내가 실천해본 말씀이면 충분합니다.

이 비교하는 큐티를 누가 하느냐면 대부분 큐티 '고수들'이 합니다.
아주 오랜 시간 말씀을 묵상한 분들이 대개 큐티를 처음 하거나, 한
동안 안 하다가 다시 시작하는 분들과 나눔 모임을 하면, 그런 일이
일어납니다.
하지만 하나님이 각자에게 하신 말씀으로 이미 충분하구요. 그런
깨달음은 모임을 하면서 하나님께서 각자에게 말해주십니다. 우리
는 그 나눔 모임에 역사하실 하나님을 신뢰하고 믿어야 해요. 이것
이 우리가 해야 할 일입니다.

마지막으로, 가장 안 좋은 것 중에 하나인 적용 없는 큐티가 있어요.
본문을 읽고 스토리 중에 어떤 '메시지'를 발견한 후, 그걸로 끝!
한 번도 말씀대로 해보지 않는 거죠. 그러면 정말 우리에게 안 좋은
큐티가 됩니다. 아는 것은 많아지고 보는 눈도 넓어지지만, 실제는

아무 움직임이 없는 사람이 됩니다.

내가 좋은 사람이 되려면 사실 내 몸을 움직여 좋은 행동을 해야 합니다. 그런데 좋은 '생각'만 한다고 내가 좋은 사람이 되는 건 아니잖아요. 그러므로 그날 얘기하신 말씀을 한 번 실천해보는 것, 적용하는 것이 우리에게 매우 중요합니다.

5
나눔 ❹

큐티 나눔이
꼭 필요한 이유

제일 좋은 형태가 바로 나눔이 있는 큐티입니다.
이러한 나눔에는 유익한 점이 있습니다.

하나, 지나치게 주관적으로 치우치는 것을 막아줍니다.
말씀 묵상은 주관적인 영역이지만 다른 이들이 본문을 보고 하나님
께서 말씀해주신 것을 들으며 극단으로 가지 않도록 나를 지켜줍
니다.

둘, 타인의 깨달음과 적용점을 공유할 수 있습니다.
나누다 보면 다른 사람에게 주신 메시지인데, 나를 향한 메시지가

될 수도 있어요. 그래서 다른 사람의 깨달음과 적용점을 공유하고 그것을 실천해볼 기회가 생기죠. 들으면서 그 본문이 여러 각도에서 정리되고요.

셋, 참여하는 사람들을 위해 기도할 수 있게 됩니다.
이 모임을 함께하면 서로 굉장히 끈끈해지고 깊어집니다. 그러면 서로를 위해 가깝게 중보하는 사이로 발전합니다.

넷, 무엇보다 큐티를 지속적으로 할 수 있습니다.
정기 모임에 참여해, 받은 말씀과 실천한 것을 구체적으로 나누면, 이것 때문에라도 내가 지키게 됩니다. 자신을 너무 믿지 마십시오. 우리는 작심삼일을 잘 압니다. 우리 수준이 그렇습니다.
그런데 약속을 해놓으면 우리는 그 약속을 기억하며 멈추지 않고 계속할 수 있게 됩니다.

다섯, 새로운 영적인 도전을 받게 됩니다.
우리가 영적으로 민감한 상태라면 다른 사람에게 주신 도전에 대해 들으면서 자신에게도 말씀하시는 것을 들을 수 있죠. 영적 민감도가 높은 사람들은 하나님이 다른 사람에게 주신 은혜에서도 당사자 못지않은 유익을 누립니다.

4장

말씀이 삶이 되는
실전 큐티

묵상의 씨앗
발견하기

이제 실전입니다.
앞에서 배웠던 몇 가지 방법을
우리가 익히 아는 본문에 대입해서 살펴보겠습니다.

3장에서 연습해본 큐티 방법을 전체적으로 적용하면서
반복하는 과정이니 좀 길게 느껴지더라도 잘 따라와보세요.

창세기 22장 1-2절을 다시 볼까요?
처음 읽을 때 우리는 이 본문 내용이 뭔지는 이해했습니다. 이제 다시 한번 천천히 읽을 텐데 이번에 읽을 때는 펜을 들고 내 마음과 눈에 탁 들어오는 단어나 문장에 표시하십시오.

그날 우리가 만나는 본문은 자기 상황과 연결된 지점에서 말씀합니다. 그래서 두 번째 읽을 땐 반드시 펜이 필요합니다. 자, 펜을 드시고 손끝으로 같이 본문을 읽어가겠습니다.

> [1] 그 일 후에 하나님이 아브라함을 시험하시려고 그를 부르시되 아브라함아 하시니 그가 이르되 내가 여기 있나이다 [2] 여호와께서 이르시되 네 아들 네 사랑하는 독자 이삭을 데리고 모리아 땅으로 가서 내가 네게 일러준 한 산 거기서 그를 번제로 드리라.

우리가 이 본문을 읽고 '묵상의 씨앗'을 발견하기 위해 했던 질문이 있었죠. 마르틴 루터 방식으로 먼저 해보겠습니다.

첫 번째 질문, 본문에 나타난 하나님은 어떤 분인가?
'아브라함을 시험하시는 하나님!' 그러면 아브라함을 시험하시는 하나님이면 누구도 시험하게 될까요? 나도 시험하시겠죠? 그 옆에 적어볼 수 있어요. 최근에 하나님이 나에게 무엇을 테스트하는 것 같은지? 내가 스스로 시험이라고 생각한 것이 무엇인지 떠오르죠? 그것을 빈공간에 적어보세요.
자녀나 가족 관련된 것 혹은 내 일과 관련된 것, 그렇지 않으면 내 신앙에 관련된 것들이 떠오를 수 있겠죠?

이런 문제가 있을 때 우리는 속상해하잖아요.
기도 제목으로 놓고 노심초사 기도하는데
사실은 그것이 내게 주시는 시험일 수 있습니다.
즉, 이 문제는 하나님이 해결해주셔야 하는 게 아닌 거죠.
아브라함이(즉, 우리 자신이) 직접 직면해야 하는 거예요.

그러니까 질문의 방향을 바꿔야 하는 겁니다. 이 문제들에 대해 '하
나님이 이렇게 해주셨으면 좋겠다'가 아니라 '하나님은 내가 어떻게
하기를 원하실까?' 이 질문이 자연스럽게 나와야 합니다. 그러면 내
가 할 일이 나와요.
가족에 대해, 내가 시험이라고 생각하던 것에 대해
내가 어떻게 하길 원하시나?
내가 참길 원하시는가? 기도하길 원하시는가?
이런 생각과 마음이 우리 안에 계속 있겠죠?

이런 생각은 한 번도 못했던 것 같아요! 인생에서 힘든 문제가 있으면 무조건
기도해야만 하는 줄 알았거든요. 그런데 질문을 바꾸어야 한다는 것을 처음
알았습니다.

문제를 조금 멀리 떨어져서 객관적으로 보는 시점이 찾아오는 거

죠. 그러면 스토리—즉, 하나님이 아브라함을 시험하시는 성경 이야기— 속에서 메시지—"나도 너를 지금 시험하고 있단다"—로 넘어갑니다.

그 메시지에 내가 반응하는 겁니다.

'이 일은 하나님의 시험이구나. 그러면 내가 시험을 잘 치러야지.'

그 문제에 대해 나는 오늘 어떻게 해야 하는가?

계속 낙심하고 원망하고 불평할까?

이 문제에 믿음으로 의연하려면 어떻게 해야 하지?

이런 생각으로 구체적으로 무엇을 할 것인지 고민하기 시작합니다.

이것이 첫 번째 질문을 통해 생각해볼 수 있는 부분입니다.

두 번째 질문, 하나님은 무엇을 하고 계십니까?

본문에서 하나님은 정확하게 "네 아들, 네 사랑하는 독자, 이삭." 이렇게 명확하게 알려주시죠? 하나님이 시험하시는 대상은 가족이에요. 가장 사랑하는 존재입니다. 이삭을 볼 때마다 아브라함은 항상 행복했어요(이삭의 뜻이 '웃음'이잖아요). 나에게 가장 중요하고 또 하나님이 주신 것이기도 하고.

내가 가장 사랑하는 것을 통해 하나님이 시험하시잖아요. 이걸 우리에게 적용해봐야지요. 나한테 시험거리로 다가온 게, 하나님이 내게 주신 것인가? 이게 정말 내 인생에서 중요한 것인가? 내가 정말 사랑하는 것일까? 그렇다면, 하나님이 주신 시험거리가 맞겠죠? 우리는 그 시험을 잘 통과하면 되는 거예요.

그런데 아닌 경우가 있어요. 내가 정말 사랑하는 것도 아니고 나한테 중요한 것도 아니라면? 그런데 내가 시험이라고 생각했던 것이 있죠? 이걸 깨닫는 순간 자유함이 찾아옵니다.

'아, 이것은 시험거리가 아니구나.'

그래서 두 가지 정도로 적용할 수 있어요. 하나는 시험거리가 아닌 것을 시험거리로 생각하고 있었다면 '이거 시험거리로 생각하지 말자. 자유하자' 이렇게 적용할 수 있겠구요.

이게 시험거리가 맞다면? 하나님이 주신 것이고, 내가 사랑하는 것이고 그것을 볼 때마다 기억하고 또 관여할 때마다 즐거움이 찾아오는 것이라면? '하나님이 이것으로 내 마음을 시험하고 계시는구나. 이 시험을 잘 극복해야겠다'라는 생각이 듭니다.

또 본문에서 하나님은 "그를 번제로 드리라"고 하시죠?

이건 다 태워버리라는 뜻이거든요. 나한테 있는 가장 중요하고 소중하고 웃음을 주는 어떤 즐거움을 다 태워버리는 겁니다. 이게 사라지면 내 인생의 의미가 사라지는 것…. 그런 게 우리에게 있단 말이죠.

세 번째로, 본문이 나에게 주시는 말씀이 무엇인가가 나와요.

내가 해야 할 일이 나와요. 내 상태가 분명해지니까요. 내가 정말 중요하게 생각했던 그것보다 지금 하나님을 덜 중요하게 생각하며 살고 있구나. 이런 자각이 왔다면 나는 어떻게 해야 해요? 이 우선순위를 바꿔야죠.

이 우선순위를 바꾸기 위해 할 일이 바로 번제로 드리는 것입니다.

내가 붙잡고 있으면 안 되는 것들.

그렇게 세 가지 질문을 던져보면 본문에서 내 삶과 관련된 것들이 묵상의 씨앗이 되어 나옵니다. 우리는 그것을 붙들고 질문하고 생각하면 됩니다. 그러면 하나님이 그 단어와 문장, 메시지를 통해 내게 말씀하려 하시는 것이 무엇인지 드러나요.

중요한 건, 이 과정에서 계속 적어야 한다는 거예요. 머릿속으로 생각하고 질문하는 것도 좋지만 구체적으로 내 질문이 무엇인지를 적어두면 더 명확합니다. 하나님께서 내게 주시는 메시지라고 생각한 말씀의 씨앗이 딱 나왔을 때 거기에 대해 하나님이 주시는 질문과 나의 생각과 반응이 무엇인지를 계속 적어나가는 거죠.

다른 방법론을 적용해서 이 본문을 들여다볼게요.

스페이스 방법을 적용해봅니다.

고백해야 할 죄가 무엇인가?

생각해보니까 없어요. 넘어갑니다.

붙들어야 할 약속이 무엇인가?

하나님이 약속하신 바가 본문에 드러나진 않았지요. 그러니까 넘어갑니다.

순종해야 할 명령이 무엇인가?
최근에 하나님이 나를 부르실 때 외면했던 게 기억나시나요? 예를 들면, 하나님께서 우리 마음속에 누군가를 향한 부담감을 주시거나 어떤 일을 자꾸 기억나게 하셨다든지, 누군가에게 부탁을 받았다면?
지금 시대에는 하나님께서 다가오실 때, 직접 음성을 들려주시면서 오시진 않아요. 있더라도 극히 드물죠. 예수님도 지극히 작은 자의 모습으로 우리에게 간다고 말씀하셨지요.
주로 말씀으로 우리를 찾아오세요. 우리를 계속 부르시는 때가 있잖아요. '그래, 내가 말씀에 응답해야지.' 이런 다짐과 마음으로 하루를 살아간다면 적어도 그날은 하나님이 나에게 원하시는 삶을 살게 됩니다.
또 있죠. 이삭을 번제로 드리는 일은 아브라함에게 가장 어려운 일이었어요. 마찬가지로 우리에게도 어떤 상황이나 사건을 통해, 사람을 통해 내게 주어진 숙제 같은 게 있을 겁니다. 하기 어려운 일. 본문을 읽을 때, 이걸 어떻게 하지, 라는 생각이 드는 바로 그것.
그런데 어떻게 해야 해요? 순종해야 해요. 하나님이 우리에게 할 수 없는 걸 하라고 하지 않죠? 하나님 입장에서는 되는 거라서 하라고 하시는 거예요.

문제는 우리 입장에서는 굉장히 어려운 일로 다가오는 거죠. 모든 것을 선택하고 결정할 때 그 기준을 "쉬운가, 어려운가?"로 잡습니다.
그래서 어떻게 합니까?
'주님, 기도해볼게요.'
사실은 하고 싶지 않다는 이야기잖아요.
하나님이 나를 부르시고 가장 어려운 것을
말씀하셨는데 나는 어떻게 순종할 것인가?

내 인생에 주어진 가장 소중하고 사랑하고 즐거워하는 것을
내려놓아야 할 때, 그것을 드려야 할 때,
이 문제에 대해 어떻게 반응하는지 그 태도를 보고 싶어 하십니다.

문제가
해결된 후를
조심하라

자, 이제 '나만의 방법'으로 큐티하기를 해보겠습니다.

본문 속에서 제 눈에 제일 먼저 들어온 단어는 "그 일 후에"입니다. 그 일 후에 하나님이 아브라함을 불러 시험하려고 했어요. 그 일이 뭐였죠? 앞 본문을 살펴보면 '이스마엘 문제'가 다 해결되었어요. 아브라함이 고민하고 근심하고 걱정하고 염려하던 그 일이 다 해결된 겁니다.

'아, 이제 살만하다. 이제 우리 집에 진짜 웃음을 주시는구나' 하는 생각이 드는 그때, 하나님이 뭐하시는 거예요?

시험하십니다.

시험은 언제 찾아와요? 모든 것이 해결된 다음에.

그전까지 우리가 얼마나 노심초사해요? 그러다가 문제가 해결되면 '아, 하나님. 감사합니다' 이런단 말이죠?

시험이 찾아오면요? '하나님. 이게 뭡니까?' 하고 불평합니다.

하나님이 뭘 보고 싶으신 거예요? 그 문제에 내가 어떻게 반응하는 지를 보고 싶은 거잖아요.

이런 일이 우리에게도 있죠? 한 가지 해결되면 그다음 문제가 찾아 오잖아요? 그 일 해결되면 그다음에 또 찾아와요. 이게 우리 인생이 잖아요. 그럴 때 이런 어려운 일들을 대하는 우리의 자세가 어떤지 를 하나님이 보길 원하시는 거죠. 이게 우리에게 중요한 하나님의 테스트예요.

우리에게 적용할 부분이 하나 생기죠?

즉, 일이 해결된 후에 또 다른 시험이 찾아왔을 때, 나는 어떻게 반 응할 것인가?

'아, 하나님. 이게 뭡니까?' 원망 불평할 것인가? 아니면,

'하나님이 이 일도 반드시 해결해 주신다. 그래서 오히려 더 주님 앞 에 가까이 가는 사람이 될 것이다….'

이렇게 생각할 것인지?

본문 속 아브라함은 후자입니다. 이렇게 이스마엘 문제를 해결해주신 하나님께서 이삭 때문에 시험하고 계시잖아요. 아브라함은 곧바로 출발해요. 하나님이 이 문제도 그 일 후에 다 해결하셨으니 이 일도 해결하실 거라는 믿음으로 순종하는 장면이 등장하죠.

이제 우리에게 적용하면요?
내 인생을 돌아보면 하나님이 해결해주신 많은 사건과 환경들이 있지요. 이것을 해결하신 하나님이 지금 이 문제도 선하게 인도하시리라는 믿음으로 말씀을 붙들어야겠다는 다짐을 하게 됩니다.

크게는 3가지 방식으로 동일한 본문을 큐티해봤는데 어떤 방식으로 해도 상관없어요. 많이 발견하는 게 중요한 게 아닙니다. 본문에서 뭔가를 깊이 알아내려고 하는 게 큐티의 목적이 아닙니다. 그것은 성경 연구의 영역입니다.

큐티의 목적은 이 본문을 통해 처음으로 내 마음에 부딪쳐 오는 것, 사건과 상황과 환경 속에서 마음에 떠오른 첫 번째 생각을 캐치하는 것입니다. 이것을 '제1언어'라고 불러요. 그것이 하나님께서 우리에게 말씀하시는 질문이나 메시지일 가능성이 높습니다. 우리가 하나님께 가장 원초적인 것을 말하듯이 하나님도 우리에게 가장 원하시는 것을 깨닫게 하십니다.

본문을 읽을 때 첫 번째로 다가와서 마음을 흔들어놓는 문장이나 단어나 내용이 있어요. 그것이 내 묵상의 씨앗이 되는 거죠.

이 묵상의 씨앗을 여러 질문을 통해 더 발전시켜 가면 하나님이 내게 원하시는 것이 무엇인지 분명히 드러납니다. 둘 중 하나예요. 이것 하라. 저것 하지 마라. 우리는 선택해야 합니다.

시간을
이기는 사람이
된다는 것

이제 창세기 22장 3-4절을 읽어보겠습니다.

> ³ 아브라함이 아침에 일찍이 일어나 나귀에 안장을 지우고 두 종과 그의 아들 이삭을 데리고 번제에 쓸 나무를 쪼개어 가지고 떠나 하나님이 자기에게 일러주신 곳으로 가더니 ⁴ 제삼 일에 아브라함이 눈을 들어 그곳을 멀리 바라본지라.

다시 펜을 들고, 두 번째 읽기를 해보겠습니다.

분명히 표시된 게 있을 거예요. 3가지 질문을 다시 던져봅니다.

첫째, 본문에 나타난 하나님은 어떤 분입니까?

가야 할 곳을 일러주시는 하나님.

그런데 중요한 게 있죠? 아브라함이 떠난 다음에 알려주십니다.

본문을 순서대로 보면 번제에 쓸 나무를 쪼개어 가지고 '떠납니다'. 그런 다음 하나님이 일러주신 곳으로 '갔어요'.

이게 아브라함을 처음 부르실 때와 같아요. 갈 바를 알지 못하고 가죠? 하나님이 일러주신 곳이 있다고 하셨어요.

그런데 아브라함은 어떻게 합니까? 떠나죠.

이 본문을 보면 생각나죠? 하나님은 우리에게 갈 바를 알려주신다. 어떤 사람에게? 발을 뗀 사람에게.

내가 이걸 해야 할지, 저걸 해야 할지… 어떤 걸 해야 할지 모르는 상황이라면? 일단 시작해야 하겠죠.

어떤 것이 하나님이 원하시는 것인지, 무엇을 선택해야 할지 암담할 때 하나님이 알려주시는 방향을 알기 위해 무작정 기다리기보다는 일단 떠나는 사람을 하나님이 인도하신다는 거예요.

믿음은 보고 가는 거예요? 가서 보는 거예요?

가서 보는 거죠. 그러니까 시작할 때는 몰라요.

성경은 하나님의 인도하심을 목자와 양의 관계로 비유하지요. 양이 목적지를 아는 게 아니잖아요. 양은 목자를 따라가는 거예요. 목자가 미리 봐둔 푸른 초장과 쉴만한 물가로 인도해가는 것이죠. 양이 할 일은 목자에게 어디로 어떻게 갈 것인지, 확인하는 게 아니죠? 그냥 가는 거예요. 목자를 신뢰하니까 마음이 편해요. 마찬가지로 아브라함은 하나님을 신뢰했기에 떠나지요.

본문을 보면 이제 드러나겠지요?
나는 망설이고 있는가? 난 왜 주저하는가? 그 이유가 무엇인가? 하나님이 나와 함께 계시고 나를 인도하신다는 사실은 알겠는데, 이 문제는 내 인생에서 퍽 중요한 문제인데, 그래서 인도하심이 분명한 길을 선택하고 싶은데, 그것이 확실하지 않기 때문에 기다리고 있지 않은가?
자기 상황을 이런 식으로 점검할 수 있겠지요? 그러다 보면 중요한 게 하나 나와요.

우리는 항상 '정답'을 찾는 것 같습니다. 잘못되면 안 되니까요. 내가 선택한 게 하나님의 뜻이 아닐까 봐 지나치게 노심초사하는 듯합니다.

하지만 그래도 괜찮습니다. 모든 것은 협력하여 선(善)이 됩니다. 하나님은 모세의 실수를 실패로 만들지 않으시죠. 아브라함의 실수였던 이스마엘을 실패로 만들지 않았잖아요. 우리에게도 이걸 적용해야 해요. 내가 선택한 그 길이 하나님이 내게 원하셨던 바로 그 길이 아니어도 괜찮거든요. 조금 돌아가는 거예요. 시간이 늦춰질 뿐이에요.

하나님은 우리에게 늘 정답을 보여주지는 않으십니다.

오히려 믿고 떠나는 자를 한걸음씩 인도하시는 거예요.

떠난 사람만 알 수 있습니다.

그 일을 시작해본 사람만 경험하는 하나님의 인도하심입니다.

안 떠나면요? 그저 기다리고 있으면요? 그런 인도하심을 경험하지 못해요.

그래서 본문이 우리에게 중요하게 보여주는 메시지가 있죠?

하나님은 어떤 분인가요? 떠난 자를 인도하시는 분.

내가 해야 할 일이 있지요? 머뭇거리지 말고 주저하지 말고 시작하자. 잘 준비되었다고 느껴지면 하려고 생각했는데 그러지 말고 잘 몰라도, 지금 바로 해봐야겠다는 마음이 생기는 거죠.

그러면 구체적으로 실천할 것이 나오죠?

그걸 실천해보는 거예요.

그럼, 다음 질문으로 넘어갈까요?

둘째, 본문의 하나님은 무엇을 하고 계시는가?

인도하고 계시죠?

셋째, 내게 주시는 말씀은 무엇인가?

떠난 자를 인도해주시는 하나님.

이제는 스페이스 방법으로 질문을 던져볼게요.

본문에서 내가 피해야 할 행동은?

아브라함은 하나님 말씀을 따라 갔잖아요. 그런데 내 상황을 보고 안 가고 있을 때, 하나님이 원하시는 것이 무엇인지 내가 아는데 그걸 안 하고 있을 때, 더 확실한 뭔가를 구하고 있을 때, 피해야 할 행동이 본문에 나오는 거죠.

본문에서 내가 순종해야 할 명령은 무엇인가?

아브라함은 아침에 일찍 일어나서 갔잖아요. 이게 필요한 거죠. 사람이 시간을 이기는 게 참 어려워요. 어젯밤에 그렇게 다짐했는데, 오늘 아침에는 생각이 달라지거든요.

다 이유가 있어서 바꿨다고 얘기해요.

아니에요, 그러면 안 돼요. 다 필요해서 바꿨다고 얘기합니다.

아니요, 그렇지 않아요. 내 마음이 바뀐 것이죠.

아브라함이 아침에 일찍 일어나서 떠난 것을 보면 아브라함이 그것을 알았던 것 같아요. 사람이 시간을 이기지 못한다는 거. 이스마엘 사건을 보면 알 수 있지요.

하나님이 약속해주시잖아요. 너희에게 분명히 아들이 있을 거다. 그런데 약속을 받고 11년이 지났는데도 이루어지지 않았어요. 그러니까 사라도 아브라함도 우리가 더 늙어가기 전에 뭔가를 해야 하지 않을까 하는 생각이 들어요. 인간적인 방법을 동원하죠?

하나님이 그건 아니라고 하세요. 이스마엘을 낳은 후 가정에는 굉장한 어려움이 찾아오지요? 이제 아브라함이 99세 때 나타나서 말씀하시죠.

"내년에 너희가 아이를 낳게 될 거다." 그런데 둘 다 알아요. 자기들은 아이를 낳을 수 있는 상태가 아니라는 걸. 그럼, 이건 내가 한 게 아니라 하나님이 하시는 일이 되잖아요.

그때 사라는 그 이야기를 비웃죠? 아브라함을 찾아왔던 천사는 사라에게 알려줍니다. "너 지금 비웃었다. 이 일이 내년에 어떻게 될지 반드시 볼 것이다."

그 말씀 때문에 아브라함과 사라는 생각을 고쳐먹었습니다.
'아, 시간을 이겨야 하는구나.'
빨리 순종할수록 시간을 이기기에 유리합니다.
그래서 아브라함은 아침에 일찍 일어나 출발합니다.
이게 그에게 있어 시간을 이기는 방법입니다.

> 오늘따라 '시간을 이긴다'는 구절이 깊이 다가와요. "하나님의 인도하심이 보이면 그때부터 시작하겠습니다"라고 하고는 기다리는 동안 마음이 바뀔 때가 많거든요.

하나님의 마음은 어제나 오늘이나 내일이나 항상 동일하게 성실합니다. 그분은 흔들림 없는 바위처럼 항상 그 자리에서 성실하게 존재하시죠.

하나님의 성품을 닮았다는 건 뭘까요? 변심이 적어지는 거예요. 이것을 위해 필요한 일이 있어요. 바로 시간을 이기는 일입니다.

시간을 이기려면 우리에게 필요한 게 뭐예요?

빨리 순종하는 거.

우리에게 적용해볼까요?

내가 오늘, 속히 순종해야 할 일이 무엇인가?

큐티할 때는 바로 생각이 안 날 수도 있어요.

그런데 하루를 살면서 그런 일들이 떠오릅니다.

이 사건으로, 이 상황에, 이 사람을 만났을 때, 뭔가를 읽다가…

'아, 하나님이 이거 순종하란 얘기구나'라는 생각이 떠오르면

아침에 읽었던 말씀을 곱씹는 거죠.

그러면 그날 하루 그것을 생각하면서 살게 되겠죠?

세 번째, 나만의 방법으로 질문을 던지면서 본문을 볼까요?

> [3] 아브라함이 아침에 일찍이 일어나 나귀에 안장을 지우고 두 종과 그의 아들 이삭을 데리고 번제에 쓸 나무를 쪼개어 가지고 떠나 하나님이 자기에게 일러주신 곳으로 가더니 [4] 제삼 일에 아브라함이 눈을 들어 그곳을 멀리 바라본지라.

아브라함이 언제 갔습니까? 아침 일찍 일어나 갔습니다.

누구와 함께 갑니까? 종과 이삭을 데리고 함께 갑니다.

무엇을 가지고 갑니까? 번제에 쓸 나무를 쪼개어 가지고 갑니다.

어디로 갑니까? 하나님이 인도하시는 곳으로 갑니다.

얼마나 갑니까? 3일 동안 갑니다.

본 것이 무엇입니까? 하나님이 알려주신 곳을 봅니다.

저는 본문에 이런 질문을 계속 던지면서 답을 찾았습니다.

그 와중에 제 눈에 딱 들어왔던 건 '제삼 일'이었습니다.

짐승을 데리고 걸어갔고, 무덥고 힘든 지역이니까 대략 하루에 10킬로미터 정도로 잡아보면 30킬로미터쯤 가는 거리입니다. 쉽게 말하면 서울의 이쪽 끝에서 저쪽 끝까지 직선거리 정도입니다.

그 거리를 걸으면서 아브라함은 어떤 생각을 했을까요? 저는 이걸 질문하게 되었습니다.

마음에 든 생각은 변함없었을까? 전 아니라고 보았습니다. 3일 동안 걸으면서 '내가 돌아가야 하나? 괜히 출발했나?' 이런 생각을 했을 것 같았습니다. 제가 그러니까요.

'빨리 순종해야지' 하는 마음으로 출발했지만 51대 49의 싸움도 함께 시작됩니다. '지금이라도 다시 돌아갈까?' 이런 생각이 수시로 드는 거죠.

그런데 아브라함은 어떻습니까? 그 시간을 다 이기고 있죠?

어떻게 가능했을까요?

"그 일 후에"(1). 그 은혜 때문입니다.

하나님이 그거 해결해주셨잖아? 이것도 해결해주실 거야.

'생각이 계속 왔다 갔다 하는 과정에서 오늘 그 시간을 견딜 수 있느냐?' 이걸 물어보시는 거죠. 저는 이것을 삶에 적용하고 싶습니다. 하나님, 견디기 힘들지만 해보겠습니다. 처음 정한 마음이 바뀌지 않도록 해보겠습니다.

시간이 지나면서 이것이 계속 바뀌는 사람이 있어요. 처음에 자기가 무엇을 얘기했는지도 모르는 사람이 있습니다.

그런 사람을 가까이하면 곤란하겠지요.

누구와 함께해야 합니까? 그 마음과 중심이 변함없는 사람, 그런 사람을 가까이해야 해요. 내 주변에 그런 사람이 있든지, 내가 그런 사람이 되든지 둘 중 하나여야 하죠.

신뢰받는 사람에게는 특징이 있습니다.

그들에게는 변하지 않는 마음, 한결같은 마음이 있습니다.

하나님이 그러시잖아요. 그러니까 우리에게 "나를 믿으라" 이렇게 말씀하시는 거예요. 그분은 변하지 않으니까요. 계속 바뀌고 변죽을 끓이면 우리에게 나를 믿으라고 이야기할 수 있을까요?

하나님은 지금까지 변함없이 우리를 향한 마음을 지키셨잖아요.
그런데 저는 그 하나님을 향한 마음을 몇 시간도 지키기 어렵더라
고요. 그런 나를 돌아보는 거죠. 하나님이 나를 대하시듯 나도 하나
님을 대해야겠구나. 하나님이 나에게 항상 같은 마음을 갖듯 나도
그래야 한다는….

내가 말한 것과 약속한 것을 잘 기억해서 그것을 바꾸지 말아야겠
다… 이런 생각을 계속 하는 거죠.

예수님은 그분이 말씀하신 것을 온전히 다 실행해내는 분이셨어요.
그래서 말씀을 아는 분이 아니라 말씀을 이루시는 분이었는데
태어나면서부터 돌아가실 때까지 그리고 부활하실 때까지
구약 성경에 기록된 모든 말씀을 실제로 이루시는 인생을 사시죠?
그것이 우리에게 보여주는 메시지가 무엇일까요?

변함없이 하나님 말씀을 마음에 품고, 변함없이 그 말씀을 이루는
사람, 이 기간을 믿음으로 잘 견디는 사람, 즉 시간을 이기는 사람
이 되어야겠다….
이게 저의 적용이 되었습니다.

공동체가
함께 감당하는
시험

이제 다음으로, 5-6절을 이어서 볼까요?

> ⁵ 이에 아브라함이 종들에게 이르되 너희는 나귀와 함께 여
> 기서 기다리라 내가 아이와 함께 저기 가서 예배하고 우리가
> 너희에게로 돌아오리라 하고 ⁶ 아브라함이 이에 번제 나무를
> 가져다가 그의 아들 이삭에게 지우고 자기는 불과 칼을 손에
> 들고 두 사람이 동행하더니.

이제 종들은 놔두고 아브라함은 이삭과 함께 산으로 올라갑니다.
이삭에게는 번제 나무를 지우고 본인은 번제에 쓸 불과 칼을 가지

고 올라갑니다. 이게 본문의 내용이에요.

자, 이제 펜을 들고 본문에 천천히 표시하면서 읽어보겠습니다.
먼저 질문을 던져야죠?

본문에 나타난 하나님은 어떤 분인가?
하나님은 안 나오죠. 넘어갑니다.

본문에서 하나님은 무엇을 하고 계시는가?
하나님이 하시는 거, 드러난 게 없다면 일단 넘어가야 해요.

본문이 나에게 주시는 말씀은 어떤 것인가?
제게는 아직 없어요.
그럼, 다른 질문을 통해 알아보도록 하고 이것도 넘어갑니다.

본문에서 내가 고백해야 할 죄는? 없습니다.

본문에서 내가 붙잡아야 할 약속은?
잘 보면 아브라함이 종들에게 얘기합니다. "내가 아이와 함께 저기
가서 예배하고 우리가 너희에게로 돌아오리라"(5). 이게 약속이지
요. 그런데 하나님이 앞에서 뭐라고 명하셨죠?
"번제로 드리라"(2). 이삭과 함께 번제로 드릴 나무를 지고 불과 칼

을 들고 올라가고 있어요.

아브라함은 지금 어떤 약속을 붙들고 있는 걸까요? 이삭을 통해 하늘의 해와, 바다의 모래와 같이 많은 자손을 줄 거라고 하신 창세기 15장 약속의 말씀을 붙들고 있습니다. 하나님이 이삭을 통해 하실 일이 있기에, 이삭이 죽도록 두지 않으신다는 견고한 믿음이 아브라함에게 있죠? 이 믿음은 어떻게 생긴 걸까요?

처음에 하나님이 주신 말씀을 붙들고 있다가 인내하지 못하고 실수 했잖아요. 그렇게 해서 이스마엘이 생깁니다.
하나님은 그것을 깨닫게 하시고, 새 인생을 살게 하셨어요. 결론적으로 이삭을 보내주셨죠?

'하나님은 약속한 대로 하시는구나.'
지금 상황은 이삭이 죽을 수밖에 없는 상황이지만 하나님은 약속을 이루실 거다. 왜냐? 이삭이 나올 때가 언제였어요? 자기 몸이 죽었을 때 낳았잖아요. 사라의 경수가 끊어졌을 때, 더 이상 뭔가를 할 수 없는 상태가 되었을 때, 그러니까 자기 몸이 죽었을 때 이삭을 주신 거예요.
"내가 이삭을 통해 일을 할 것이다." 아브라함은 그 약속을 붙들고 있는 거죠. 우리 각자에게도 떠오르는 것이 있지요? 인생을 새롭게 시작하게 만든, 나를 건져주신 말씀이 있단 말이에요.

본문을 읽으며 우리는 그것을 떠올립니다.

'아, 그렇지. 그 약속을 내게 주셨지. 그 약속대로 이루실 거야.'

우리는 그 약속의 말씀을 한번 더 찾아보고, 내게 이루어질 것을 믿고, 오늘 하루 말씀을 신뢰하며 살아가겠다는 적용을 하게 되겠죠?

다른 질문을 던져볼까요?

본문에서 내가 피해야 할 행동은 무엇인가? 뭐 금지하는 건 없죠?

본문에서 따라 해야 할 모범은 있지요.

드디어 아이를 번제로 드리려고 준비해서 올라가고 있어요.

순종으로 시작했는데, 지금은 어떠한가요?

아브라함의 순종은 변질되지 않았죠. 그러면 나에게도 적용해야죠.

돌아보면, 시작은 순종이었는데 끝이 불순종일 때가 많았네요.

내가 하나님을 신뢰하고 사랑하며 살겠다고 다짐한 후에

어느 정도 시간이 지났어요.

그리고 실제로 어떤 선택과 결정을 내리는 순간이 왔습니다.

이제 우리가 적용해야 할 것이 하나 나오죠.

나는 계속 순종의 사람이 되어야겠다는 거잖아요.

구체적으로 무엇을 해야 할 것인가를 적을 수 있어요.

하루를 살면서 하나님께 어떻게 순종하고 어떻게 지킬지를 적을 수 있겠죠? 여러 개가 있겠지만 그중 하나를 선택합니다. 그리고 그날 하루 그것을 열심히 해보는 거죠.

다른 방법으로 질문을 던져볼까요?
본문을 한 번 더 읽어보겠습니다.

> [5] 이에 아브라함이 종들에게 이르되 너희는 나귀와 함께 여기서 기다리라 내가 아이와 함께 저기 가서 예배하고 우리가 너희에게로 돌아오리라 하고 [6] 아브라함이 이에 번제 나무를 가져다가 그의 아들 이삭에게 지우고 자기는 불과 칼을 손에 들고 두 사람이 동행하더니.

이 본문에서 제 눈에 먼저 들어온 것은 "두 사람이 동행하더니" 이 구절입니다. 동행하던 한 사람은 죽어야 하고, 한 사람은 죽여야 하는 사람이잖아요. 그리고 죽어야 하는 이삭은 자기 장래를 모르는 상태입니다. 사실 이삭을 바치는 문제는 아브라함만 시험을 극복하면 되는 문제가 아니에요. 가족 전체에게 주어진 시험입니다.

하나님께서 내게 시험을 주시는데 그게 가족 전체의 시험이 되는 경우가 있습니다. 자녀들에게도 그런 일이 생깁니다. 자녀에게 어려움이 생겼을 때 그것은 자녀의 어려움뿐만 아니라 가족 전체의 어려움이 되는 거죠.

그러니 어려움을 풀기 위해 어떻게 해야 할 것인가?

오늘 본문에 등장하죠.

"동행하더니."

제가 거기서 적용하고자 했던 것은 이것입니다.

"내 문제를 누구와 함께 나누고 누구와 함께 풀어가야 할 것인가?"

우리는 시험을 만났을 때 그냥 내가 감당하면 된다고 생각해요 나만 잘하면 된다고 생각합니다. 하지만 절대 그렇지 않습니다. 우리는 다 연결되어 있기 때문이죠. 예수님도 겟세마네 동산에 올라가 마지막으로 기도하실 때 어떻게 하시죠? 제자들에게 함께 기도하라고 말씀하시잖아요.

시험은 나 혼자 오롯이 감당하는 게 아닙니다. 함께 감당할 공동체를 주심에 감사해야겠지요. 또 시험에서 진다면 나만이 아니라 우리 모두가 지는 것이므로 반드시 극복해야겠다는 의지도 다집니다.

믿음의 사람이
믿음의 사람을
낳는다

자, 넘어가서 7-9절 말씀을 읽어보겠습니다.

> ⁷ 이삭이 그 아버지 아브라함에게 말하여 이르되 내 아버지
> 여 하니 그가 이르되 내 아들아 내가 여기 있노라 이삭이 이
> 르되 불과 나무는 있거니와 번제할 어린 양은 어디 있나이까
> ⁸ 아브라함이 이르되 내 아들아 번제할 어린 양은 하나님이
> 자기를 위하여 친히 준비하시리라 하고 두 사람이 함께 나아
> 가서 ⁹ 하나님이 그에게 일러주신 곳에 이른지라 이에 아브
> 라함이 그곳에 제단을 쌓고 나무를 벌여 놓고 그의 아들 이
> 삭을 결박하여 제단 나무 위에 놓고.

이제 펜을 드십시오.

다시 읽어가면서 본문에 표시를 다시 해보시면 좋겠습니다.

본문에 나타난 하나님은 어떤 분이신가?

하나님은 정확하게 일러주셨죠? "하나님이 그에게 일러주신 곳에."

처음 마음을 간직한 채 변함없이 순종하는 사람에게 하나님은 다 알려주세요. 이걸 묵상의 씨앗으로 삼아 마음이 변하지 않고 계속 순종하며 길을 가는 사람에게 하나님이 분명하게 보여주시는 목적 지가 있습니다. 내가 이 목적지에 다다랐다면 감사할 것이고, 가는 중이라면 이 마음을 지켜야 하는구나, 적용이 생기겠죠.

스페이스 방법으로 해보겠습니다.

본문에서 내가 고백해야 할 죄는? 없어요.

본문에서 내가 붙잡아야 할 약속은? 있죠.

"하나님이 친히 하나님의 어린 양을 준비할 거야. 하나님은 약속하 신 것을 반드시 이루셔." 아브라함의 마음에 있는 이 믿음은 자기를 믿음의 한계까지 몰고 가야만 볼 수 있는 큰 믿음입니다.

여리고성을 돌 때도 날마다 돌면서 조금씩 금이 가고 무너지는 걸 봤다면, 얼마나 신났을까요? 그런데 마지막 날 마지막 바퀴를 돌기 전까지는 아무 일도 일어나지 않았어요. 마지막 날 마지막 바퀴를 딱 돌자마자 어떻게 됩니까? 성이 무너지지요?

처음에는 순종했는데 중간에 바뀌고 변질되는 경우가 많다고 했잖아요? 하지만 처음 믿음을 끝까지 가지고 가볼 때 우리는 하나님의 선한 인도하심, 하나님의 예비하심을 경험합니다.

번제는 다 태워서 없애는 겁니다. 짐승을 죽이고 피를 다 쏟은 후에 가죽을 벗겨 전체를 태워버리는 거예요. 지금 아브라함이 그 준비를 하는 거죠. '이쯤 되면 하나님이 뭔가 보여주셔야 되는 거 아닌가? 내가 여기까지 순종했는데, 뭔가 처리를 해주셔야 하는 거 아닌가?' 자연스럽게 드는 생각입니다.

하지만 아브라함은 평생을 통해 하나님의 준비하심이 무엇인지 알았어요. 86세 때 이스마엘 때문에 실수했지만 그 이후로 끝까지 마음을 지키잖아요. 그러니까 하나님이 이삭을 허락하시죠.

한 해를 시작할 때 하나님께 순종하고자 다짐했던 것이 각자에게 있지요? 중간 점검하는 형태로 우리에게 적용할 수도 있고, 하루를 시작하면서 하나님 앞에서 이걸 해야겠다고 떠오른 게 있겠죠?

이제 자기만의 질문을 해볼까요?
앞에서 하면서 여러 부분에 표시되어 있을 것 같은데요.

> [7] 이삭이 그 아버지 아브라함에게 말하여 이르되 내 아버지여 하니 그가 이르되 내 아들아 내가 여기 있노라 이삭이 이

르되 불과 나무는 있거니와 번제할 어린 양은 어디 있나이까 [8] 아브라함이 이르되 내 아들아 번제할 어린 양은 하나님이 자기를 위하여 친히 준비하시리라 하고 두 사람이 함께 나아가서 [9] 하나님이 그에게 일러주신 곳에 이른지라 이에 아브라함이 그 곳에 제단을 쌓고 나무를 벌여 놓고 그의 아들 이삭을 결박하여 제단 나무 위에 놓고.

제 눈에 딱 들어온 건데요. '아버지여' 이게 확 들어왔어요.

저도 남자아이가 둘 있으니까 그때 제가 아브라함이었다면 그 '아버지'라는 말을 들었을 때 어떤 마음이었을까 생각하게 됩니다.

본문을 보면서 신약 성경 본문과 겹쳐지면서 제게 떠오른 게 있어요. 예수님이 십자가 위에서 마지막에 하셨던 말씀입니다. "아버지 내 영혼을 아버지 손에 부탁하나이다"(눅 23:46).

예수께서 '아버지'라고 불렀을 때 하나님 마음은 어땠을까? 아브라함의 마음은 어땠을까? 그런데 다음 내용을 보면 당신께서 해야 할 일을 착착 하시잖아요. 아들 예수님은 십자가 위에서 마지막 숨을 몰아쉴 때 하나님은 당신의 일을 착착 진행하고 계십니다.

제게도 이삭의 결박된 모습이 십자가 위에 달리신 예수님의 모습과 오버랩되어 나타났어요. 어쩌면 아브라함은 인류 최초로 아들을 내어주신 하나님 아버지의 마음을 엿본 사람이지 않을까 싶네요.

목회하면서 힘들어하는 청년들, 성도들을 많이 만나요. 그 어려운 상황을 온몸으로 이겨내는 모습을 볼 때마다 그리고 새벽마다 눈물을 쏟으면서 기도하는 모습을 볼 때 '내가 저분들에게 어떻게 힘이 될 수 있을까?' 이런 마음이 많이 들어요.

훈련받을 때, 정말 너무 힘들어서 눈물 나는 때가 있잖아요.

와 이건 내가 도저히 못하겠다…. 이런 거요.

그런데 교관은 어떻게 하죠? 끝까지 시키죠. 끝까지. 이거 못하면 탈락이라고 얘기하고 끝까지 하게 합니다. 그렇게 해야 한 팀이 되는 거죠. 이걸 통과할 때, 나중에 얻을 영광이 있다는 걸 교관은 알아요. 하지만 당사자는 지금의 고통만 생각해요. 그래서 어렵죠.

어려운 상황 속에 있는 성도를 만날 때마다 사실 위로해드릴 게 없어요. 그런데 분명히 아는 거 하나는 있어요. 이 시간을 지난 후에 하나님이 그를 위해 준비하신 영광, 그것과 바꾸지 않았으면 좋겠단 생각을 많이 합니다.

우리에게 장차 올 영광, 그것을 지금 현재의 고난과 고통과 바꾸지 않았으면 하는. 이 본문에서 '아버지여'라는 단어를 볼 때 그게 떠오릅니다. 이걸 개인적으로도 적용하고 또 저와 함께하는 성도들에게도 많이 적용했어요. 하나님 마음이 어떤지를 이 본문으로 참 많이 나눴습니다.

"하나님이 자기를 위하여 친히 준비하시리라"(8).

내가 준비해야 하는 게 있고 하나님이 준비해야 하는 게 있어요. 이 두 개가 만났을 때 아름다운 예배가 됩니다. 아브라함은 자기가 준비해야 하는 불과 나무와 이삭을 잘 준비했어요. 하나님은 이삭 대신 하나님의 어린 양을 준비하셨죠.

내가 붙드는 이 약속이 하나님께서 주신 게 확실하다면? 하나님은 약속의 끝에서 반드시 선한 결과를 만들어내십니다. 살아가면서 이런 경험 많이 하잖아요.

하나님께서 일러주신 곳에 이르러 아브라함이 제단을 쌓았어요. 그리고 그 위에 돌과 나무를 쌓아 놓았어요. 그런 다음, 아들 이삭을 결박해 제단 나무 위에 두었습니다. 번제는 다 태우는 거예요. 모닥불로는 사람을 그렇게 할 수 없어요. 화장할 때 화력 정도는 되어야 완전히 태울 수 있기 때문에 나무를 많이 쌓아 놓았을 거예요.

그걸 다 누가 가지고 올라가죠? 6절에 보면 아브라함이 아니라 이삭이 지고 올라가요. 그 많은 나무를 다 지고 올라갈 정도로 이삭은 성장한 거예요. 그런데 이해가 안 되는 건 그다음이지요. 그걸 다 해놓고 아브라함이 이삭을 결박해요. 그리고 나무 위에 놓아요. 이때쯤 되면 이삭도 알아차리지요. 누가 제물인가?

그런데 이때도 이삭은 도망가지 않습니다. 본문 상황에서 이게 제 눈에 확 들어온 거예요.

그러네요. 사람이라면 본능적으로 앞으로 벌어질 일들을 피하려고 했을 텐데. 무엇보다 반항 한 번 안하고 순순히 결박당하는 모습을 보니 궁금합니다. 왜 이삭은 가만히 있었을까요?

지금까지 이삭이 들었던 게 뭐예요?
"하나님이 어린 양을 친히 준비할 거다."
종들에게 얘기한 거는요?
"아이와 함께 예배하고 우리가 내려올 거다."
지금 이삭은 누구의 말을 믿고 있어요?
아버지 아브라함의 말을 믿고 있는 거예요.
그래서 아버지가 하는 대로 가만히 있습니다.
이게 제 눈에 확 들어왔어요.

본문에서 하나님은 아브라함의 믿음만 시험하시는 분인가요?
아니요. 이삭의 믿음도 시험하고 계세요. 아까 말씀드렸죠? 아버지의 시험은 온 가족에게도 시험거리가 됩니다. 아버지의 문제는 내 문제가 됩니다. 특히 자녀의 문제는 부모의 문제가 되죠. 자녀의 시험거리는 아버지의 시험거리, 자녀의 걱정은 엄마의 걱정거리. 그러니까 이건 아브라함의 시험이기도 하지만 가족 전체가 시험을 받는 것이기도 해요.
이삭의 나이가 얼마나 됐는지 성경이 기록하지 않아 모르겠지만, 분명한 건 본문에서 아브라함은 100세가 훨씬 넘은 할아버지입니다. 백 세에 이삭을 낳았으니까요.

노인 아브라함과 젊은 이삭이 붙으면 당연히 이삭이 이기겠죠?

오히려 이삭이 아버지 아브라함을 저지하고

왜 그러시냐고 해야 정상적인 상황일 겁니다.

그런데 이 모든 것을 이삭이 받아들이고 있어요.

저는 이게 본문에서 가장 눈에 들어왔습니다.

하나님이 아브라함을 시험하시듯 이삭을 시험하실 때 아브라함이
시험을 잘 이겨나가듯 이삭도 잘 이겨나가고 있죠? 여기서 아주 중
요한 것을 발견합니다. 믿음의 사람이 믿음의 사람을 만든다는 사
실입니다.

이삭이 본 게 뭐예요?

하나님의 약속을 믿지 않아 아버지 아브라함과 엄마 사라가 고통받
는 걸 봐왔어요. 그리고 하나님께서 주신 은혜로 이 문제를 어떻게
매듭짓는가도 봤어요. 말씀대로 순종하면 하나님이 주시는 은혜와
평강이 임하는 과정도 경험했고요. 모든 것이 지난 후에, 이삭이 아
버지 모습을 보면서 아브라함의 믿음만큼 그의 믿음이 성장하고 크
게 변화되고 성숙했던 거죠.

저는 본문을 보며 아브라함만큼 이삭의 믿음도 견고하다는 사실을
알았어요. 자녀들은 도대체 이런 믿음을 어떻게 갖게 될까? 하나님
이 주시는 것일까?

결국, 부모입니다. 자녀에게 신앙교육을 한다고 신앙이 저절로 심어지는 것이 아니라 부모가 어떻게 살아가는지를 보여주어야 자녀의 신앙이 성장하고 성숙하고 변화된다는 것이 제 눈에 확 들어왔어요. 나는 내 자녀에게 어떤 신앙인으로 보일 것인가? 이게 제 안에 물음표로 딱 찍혔어요.

이 문제는 모든 부모의 공통된 질문일 것 같아요. 우리는 자녀의 신앙이 내 신앙을 뛰어넘길 원하잖아요. 자녀가 하나님을 더 깊이 만나, 더 훌륭한 믿음의 사람이 되길 원하지요?

그렇다면 이걸 꼭 기억하셨으면 좋겠어요.
믿음의 사람이 믿음의 사람을 낳습니다. 믿음의 사람이 경험하는 시험을 통해 또 다른 믿음의 사람이 등장하는 거죠. 아브라함이 경험한 시험을 통해 지금 이삭이 믿음의 사람이 되어가는 것을 본문이 보여줍니다.
그러므로 자녀가 시험 가운데 있는 나를 보고 있다면, 내가 어떤 말을, 어떤 행동을, 어떤 선택을 하는가가 무척 중요해집니다. 시험당할 때 내가 고백하는 모습, 그 시험을 온전히 다 겪으면서 이겨나가는 모습이 다음 세대의 믿음 수준에 큰 영향을 줍니다.

아빠와 엄마가 서로 사랑하고 존중하고, 행복하게 살아가는 모습을 보여주는 게 자녀의 성품을 위해 다른 무엇보다 중요하다는 것을 우리는 잘 압니다.

신앙도 똑같습니다. 아버지의 시험은 곧 나의 시험이고, 나의 어려움이에요. 그 속에서 아버지가 어떻게 의연하게, 믿음으로 잘 견디는지를 이삭이 보고 있잖아요. 그것을 통해 이삭도 함께 성장하고 있죠.

지금까지 내가 어떤 모습을 보여주었는가를 잘 생각해야 합니다. 지난 시간을 되돌릴 순 없어요. 그러나 앞으로를 준비할 수는 있습니다. 선택하고 결정하는 과정에서 더 좋은 신앙인의 모습을 보여줄 수 있죠. 우리의 고민은 이 지점이어야 합니다.

하나님이 주신 시험을 통과한 사람이 또 다른 믿음의 사람을 만듭니다. 하나님은 이런 우리를 통해 아이를 빚어가십니다. 그래서 제가 결단한 게 하나 있어요. "아무리 힘들고 아무리 어려워도 하나님 원망하는 말은 하지 말자. 아무리 큰 시험이 다가와도 하나님 불평하는 말은 하지 말자."

출애굽 할 때 1세대가 2세대에게 주로 어떤 모습을 보여줬나요? 사사건건 불평하고 원망하고 애굽으로 돌아가겠다고 얘기했죠. 결국, 출애굽 2세대는 광야에서 부모를 다 잃었잖아요. 함께 가나안에 갔으면 얼마나 좋았을까요? 그들을 반면교사로 하여 믿음을 배웠습니다. 이런 일은 우리에게 비극입니다.

"난 우리 아빠처럼 될 거야. 난 우리 엄마처럼 믿을 거야." 이렇게 되려면 우리에게 할 일이 있어요. 내 마음이 변하지 않도록, 시간을 이기도록, 처음과 중간과 끝이 동일하도록 끝까지 순종하는 일이 필요합니다.

본문 어디를 보더라도 왜 이런 일을 하는지 아브라함은 이삭에게 설명하지 않습니다. 말하지 않아도 이해하고 믿을 수 있는 관계가 그 안에 있었다는 뜻이에요.

한 번의 사건으로 자녀가 믿음의 사람으로 변화되는 것이 아니라 나와 함께하는 시간 속에서 선한 것을 보고, 듣고, 느끼고, 경험할 때 믿음의 사람으로 조금씩 성장합니다. 그 원재료가 부모들이 되었으면 좋겠습니다.

우선순위가
항상
같은 사람

다음으로, 창세기 22장 10-11절을 같이 보겠습니다.

> [10] 손을 내밀어 칼을 잡고 그 아들을 잡으려 하니 [11] 여호와의
> 사자가 하늘에서부터 그를 불러 이르시되 아브라함아 아브
> 라함아 하시는지라 아브라함이 이르되 내가 여기 있나이다
> 하매.

이번엔 펜을 가지고 한 번 더 표시하면서 읽어보겠습니다.
지금 이 본문을 읽는데 특정 단어나 문장이 눈에 들어왔을 겁니다.
거기에 표시하고, 나중에 살펴보겠습니다.

먼저 마르틴 루터식 방법을 사용해 질문을 던져볼게요.

첫 번째, 본문에 나타난 하나님은 어떤 분인가요?

아브라함의 이름을 불러주시는 하나님.

그리고 또 있습니다. 아브라함을 지켜보시는 분이죠. 그가 칼을 들어 아들을 죽이려는 찰나 아브라함의 이름을 부르셨잖아요. 하나님께서 그 장면을 보고 있지 않으셨더라면?

아, 그렇다면 하나님이 나도 보고 계신다는 생각이 들지요.

그렇다면 나는 어떻게 살아야 할까?

많은 사람이 CCTV가 있는 곳에서는 행동을 조심합니다. 그런데 카메라가 없는 곳에서는? 우리도 마찬가지입니다. 하나님이 나를 지켜보고 계신다면 함부로 살지 못하지요. 하지만 우리에게는 그런 인식이 희박해요. 그러니까 하나님이 원하시는 모습을 선택하기보다는 순간순간 내가 필요하거나 원하는 대로 살아갑니다.

> 맞습니다. 하나님 앞에서 살아간다고 하지만, 인생의 대부분은 나의 생각, 아니 다른 사람의 눈치를 보면서 살아가는 것 같아요.

이 본문을 묵상하며 저는 적용할 것을 이렇게 써보았어요.

"하나님 눈앞에서 살자."

어떤 부분에서 그렇게 할 것인가는 그때그때 다르겠죠? 구체적으로 어떤 부분에서 그렇게 했는지는 저녁에 하루 삶을 복기하면서

〈큐티저널〉을 쓸 때 기록합니다. 〈큐티저널〉에 관해서는 부록에서 구체적으로 다루었으니 참고하세요.

두 번째, 본문에서 하나님은 무엇을 하고 계시는가?
"아브라함아, 아브라함아…." 아브라함의 이름을 부르고 계시죠? 아브라함은 하나님이 부르실 때 대답하는 사람이었습니다. 하나님께서 내 이름을 부르실 때 나는 어떻게 해야 할까?
그분은 이 본문처럼 귀에 들리게는 부르지 않으세요. 아브라함이 살던 시대는 기록된 성경이 없었습니다. 하지만 지금은 기록된 성경이 있는 시대이기 때문에 하나님은 보이는 말씀을 통해, 혹은 선포된 말씀을 통해, 내 일상을 통해 말씀하십니다. 그럴 때 나는 어떻게 응답하며 살 것인가? 이런 게 또 하나의 적용점이 됩니다. 이 본문으로 하나님이 하시는 말씀에 어떻게 반응할 것인지가 정해지지요?
다른 방법으로 한번 더 해볼까요?

스페이스 방법입니다.
본문에서 내가 고백해야 할 주제는? 없죠. 넘어갑니다.
본문에서 내가 붙잡아야 할 약속? 없습니다.
본문에서 내가 피해야 할 행동? 없죠.

본문에서 내가 순종해야 할 명령? 있습니다.
아브라함에게는 일말의 망설임도 없습니다.

진짜로 그렇게 하려고 하죠? 그 이유가 뭐였어요?

진정 믿고 있었으니까요.

"우리가 가서 예배하고 아들과 함께 내려올 거다." 종들에게 그렇게 얘기했고 또 아들이 제물이 어디 있느냐고 물으니까 하나님께서 친히 준비하실 것이라고 이야기했죠? 사실 아브라함도 증거를 못 봤어요. 그런데도 본인은 그것을 볼 거라고 확신하고 이 일을 합니다.

그다음 질문, 따라야 할 모범은요?

이렇게 적용할 수 있겠죠. 하나님의 약속이 지연될 때 우리에게 의심이 생깁니다. 문제가 해결되면 이 의심은 생기지 않습니다.

그런데 하나님은 그 일을 당장 해결해서 의심을 없애주는 방식은 쓰지 않으세요. 그렇게 되면 믿음이 필요 없기 때문입니다.

오히려 하나님은 '걱정하지마. 나를 믿어. 내가 할 거야. 하지만 시간이 걸려'라고 하시면서 우리에게 믿음을 요구하십니다.

넘어가서, 아까 줄 치고 표시한 데가 있을 거예요.

10-11절 한 번 더 읽어볼까요?

> [10] 손을 내밀어 칼을 잡고 그 아들을 잡으려 하니 [11] 여호와의 사자가 하늘에서부터 그를 불러 이르시되 아브라함아 아브라함아 하시는지라 아브라함이 이르되 내가 여기 있나이다 하매.

이제 우리가 던질 질문을 봅시다. 본문에서 제 눈에 딱 들어왔던 게 뭐냐면 "잡으려 하니"라는 구절이었어요. 아브라함이 실제로 이삭을 잡으려고 했어요. 처음 먹었던 마음을 마지막까지 지키고 있는 거죠.

나에게는 그런 게 있는가?
사실 저를 보면 별로 없는 것 같아요.
처음 먹었던 마음을 끝까지 지키는 게 쉽지 않아요.
계속 왔다 갔다 왔다 갔다 해요.
그러나 지금 아브라함은 끝까지 마음을 지킵니다.

"잡으려 하니"라는 말씀 앞에서 제게는 "너의 이 의심을 죽여야 하지 않겠니?" 이런 메시지가 다가왔어요. 제 의심이 죽고 불신이 죽어야 하나님을 향한 신뢰가 끝까지 지켜져서 내가 할 일을 하는 거죠. 그래서 순간순간 의심과 불신이 들 때마다 오늘 하루 이렇게 살아야 한다는 게 눈에 확 들어왔고요.

> 11절에 보면 하나님께서 "아브라함아, 아브라함아" 하고 부르셨는데요. 왜 하나님이 "멈춰!"라고 하지 않으시고, 그의 이름을 부르셨을까요? "그만!" 하고 부르셨을 법도 한데요.

저는 '과연, 아브라함이구나 … 너는 진짜구나' 하는 마음으로 그를 부르셨을 것 같아요.

우리도 하나님 이름을 부르잖아요.
주님의 이름을 부를 때 각자에게는 어떤 마음가짐이 있단 말이죠.
주님도 우리를 부르실 때 그런 마음이 있으리라는 생각이 제 안에
들었어요.

'하나님께서 그런 마음으로 내 이름을 부르시게 할 수 있는가?'
이게 저한테 다가온 메시지였어요.

12-13절을 천천히 읽어보겠습니다.

> [12] 사자가 이르시되 그 아이에게 네 손을 대지 말라 그에게
> 아무 일도 하지 말라 네가 네 아들 네 독자까지도 내게 아끼
> 지 아니하였으니 내가 이제야 네가 하나님을 경외하는 줄을
> 아노라 [13] 아브라함이 눈을 들어 살펴본즉, 한 숫양이 뒤에
> 있는데 뿔이 수풀에 걸려 있는지라 아브라함이 가서 그 숫양
> 을 가져다가 아들을 대신하여 번제로 드렸더라.

펜을 가지고 한번 더 읽겠습니다.

본문에 나타난 하나님은? 멈추라고 하신 하나님 그리고 어떤 모습

인지 알았다고 하시는 하나님. 그리고 어린 양을 준비해주신 하나님. 그의 예배를 받으시는 하나님. … 이렇게 되죠?

본문에서 하나님은 무엇을 하고 계시는가? 하나님이 아브라함의 진심을 확인하셨죠? 제 눈에는 이게 들어옵니다. 네 아들, 네 사랑하는 독자도 내게 아끼지 아니하였구나. 가장 소중한 것보다 나를 더 소중히 여겼구나. 이것을 하나님이 확인하신 거죠.

본문을 보면서 하나님을 원하시는 것이 무엇인가 생각합니다. 내 인생에서 가장 소중한 것보다 그것을 주신 하나님을 더 소중히 여기는 우선순위를 가진 사람을 하나님이 원하시는구나! 그렇다고 해서 하나님이 그걸 가져가지는 않으시는구나! 그 우선순위가 명확해지면, 정말로 그런 일이 일어나도록 하지는 않으시는구나!

우리에게 필요한 것은 이렇게 정리되지요.
하나님이 주신 것보다 하나님을 귀하게 여기는 인생을 사는 것.
그것은 내게 귀한 것을 주님 앞에 드리는 방식으로 점검됩니다.

그러면 적용 거리가 하나 생기죠? 하나님 앞에 드려야 할 내 인생의 가장 중요한 것은 무엇입니까? 관계가 될 수도 있고, 시간이, 물질이 될 수도 있습니다. 내가 하는 일이, 무엇보다 우리의 관심사가 될 수도 있습니다.

이 본문의 시작점은 이스마일 문제가 해결되었을 때잖아요. 내가 만든 문제를 하나님께서 선하게 해결해주시고 가정에 평안을 주신 때. 그때 아브라함은 '아, 이제 살 만하다!' 이렇게 생각했을 거예요. 그런데 그 순간 아브라함의 생각에는 그 모든 문제를 해결해주신 하나님보다 눈앞에 있는 이삭이 훨씬 더 눈에 들어왔을 확률이 높은 거죠. 문제가 해결되기 전에는 하나님께 우선순위가 있었을 거예요. 그런데 해결된 다음에는 우선순위가 바뀐 거죠.

자기 인생의 문제가 해결되기 전과 해결된 후에 우선순위가 달라진 사람이 많아요. 우리도 이제 하나님 은혜로 자녀 문제도 해결되고 남편 문제도 해결되고 아내 문제도 해결되고 부모의 문제도 해결된 때, 이제 평안하다 감사하며 살 수 있겠다는 생각이 들 때가 있지요. 그런데 사실 그 순간이 되면 하나님은 뒷전으로 밀려가기 시작해요. 문제는 그걸 본인은 모른다는 거예요.

아브라함이 그걸 정말 몰랐을까 하는 생각이 드는데요.

아브라함은 몰랐을 겁니다.
그래서 결국, 이 시험을 통해 아브라함이 본래 자리를 찾죠? 내게 가장 중요한 것은 이삭이 아니라 이삭을 주신 하나님이구나. 이것을 다시 확인하게 되고 하나님은 아브라함이 그것을 확인한 순간, 이삭을 다시 돌려주십니다.

그렇게 우리도 정리를 하고 갈 필요가 있습니다. 이것을 일상적으로 간단하게 확인할 수 있습니다. 내 인생에서 가장 중요한 것을 주님께 드리고 있는가를 보면 됩니다. 살면서 나한테 정말 중요한 게 있죠? 아까 말씀드린 시간, 물질, 일, 나와 관계된 여러 가지보다 하나님과 만나는 시간을 우선순위에 두고 있는가?

일과를 시작하고 마치면서 먼저 하나님께 나아가 감사드리고 하루를 의탁하는가? 이런 우선순위가 어디 있는지를 살펴보면 내가 어떠한 우선순위를 가진 사람인지 드러나겠죠?

이제, 스페이스 방법으로 질문을 던져보겠습니다.

본문에서 내가 고백해야 할 죄? 한번 생각해볼까요?
내가 못 드리는 거 있잖아요. 하나님, 이것만 아니면 괜찮습니다. 요런 거 생각날 수 있겠죠? 내가 이룬 게 아니라 하나님이 주시고 하나님이 허락하신 거라는 사실을 잊지 않아야 해요.

본문에서 내가 붙잡아야 할 약속? 이건 없으니 넘어가요.

본문에서 내가 피해야 할 행동은? 이것도 아까 나왔던 거와 비슷하겠죠?

본문에서 내가 순종해야 할 명령은? 그렇죠. 바뀌지 않은 거.

본문에서 내가 따라야 할 모범은 무엇인가? 동일하겠죠.

이제, 나만의 질문을 활용해서 다 같이 읽어볼까요?

> [12] 사자가 이르시되 그 아이에게 네 손을 대지 말라 그에게 아무 일도 하지 말라 네가 네 아들 네 독자까지도 내게 아끼지 아니하였으니 내가 이제야 네가 하나님을 경외하는 줄을 아노라 [13] 아브라함이 눈을 들어 살펴본즉, 한 숫양이 뒤에 있는데 뿔이 수풀에 걸려 있는지라 아브라함이 가서 그 숫양을 가져다가 아들을 대신하여 번제로 드렸더라.

제 눈에 들어오는 것은 "이제야"라는 단어입니다.
하나님의 테스트가 다 끝났다는 의미입니다.
하나님이 아브라함에게 확인하고 싶은 게 있었다는 거죠.

하나님은 우리 각자의 인생에도 확인하고 싶은 게 있습니다.
그래서 시험이 필요한 겁니다.

그런데 우리는 하나님이 시험하실 때, 이 시험이 사라지도록 기도합니다. '하나님이 주신 건데, 다시 달라니요? 이게 웬 말입니까?' 우리가 경험하는 시험들은 대부분 우리에게 큰 어려움이죠. 근심 걱정 염려 거리입니다. 그런 것이 있을 때 우리는 제발 이것들을 좀 사라지게 해달라고 기도합니다.

하지만 하나님은 그런 기도에 응답하지 않으세요. 시험을 해야 하니까요. 테스트잖아요. 그러니까 사라지지는 않는 거예요. 이것을 빨리 끝내는 방법은 뭘까요? 하나님이 확인하고 싶어 하시는 것을 빨리 알려드리면 되는 거죠.

제가 내린 결론은 하나입니다. 그냥 순종하자. 그 상황을 뒤집으려고 애쓰지 말고 나에게 주어진 상황에서 그냥 순종하자. 아브라함도 끝까지 순종하니까 "이제야" 알았다고 하시잖아요.
저도 마찬가지죠. 내게 주어진 상황이, 내가 원하지 않고 또 동의하지 않는 뭔가가 있을 때 그때 어떻게 할 것이냐를 많이 고민하게 됩니다. 우리도 살아가면서 그런 일을 많이 만나요. 왜 하필이면 내게 이런 일이 생겼는지 질문을 던져보지만 이해가 안 되지요.
이해가 되면, 사실 시험거리가 아니잖아요?
그런 일은 '아, 하나님이 이 문제로 나를 테스트하시는구나'라고 생각하면 대부분 맞아요. 그때는 이 "이제야"를 떠올려보세요.

14절을 볼까요?

> 아브라함이 그 땅 이름을 여호와 이레라 하였으므로 오늘날까지 사람들이 이르기를 여호와의 산에서 준비되리라 하더라.

본문에는 준비하시는 하나님이 나오죠. 양을 준비해주셨고요. 이 것은 누구에게만 나타나요? 시간을 이기고, '이제야' 하나님이 알 수 있도록 끝까지 순종하는 자에게. 내가 이 하나님의 예비하심을 경험하려면 어떻게 해야 할까요?

'하나님의 약속을 끝까지 믿고 내게 말씀하신 것을 끝까지 순종하자.' 이것을 오늘 하루 붙들고 인생의 사건 사건마다 기억하면서 그렇게 선택하는 삶을 산다면 인생을 앞서 예비하시는 하나님을 경험할 수 있습니다. 결국, 해피엔딩으로 끝납니다.

보고 느끼는
세계의 확장:
말씀의 운동력

이제 우리가 가장 사랑하고 또 많이 아는 시편 23편의 세계로 들어가보겠습니다. 시편 23편 1-6절 말씀을 한 줄씩 읽어가면서 비슷한 방법으로 해볼까요?

> [1] 여호와는 나의 목자시니 내게 부족함이 없으리로다.

자, 이제 펜을 들고 표시해보겠습니다. 마르틴 루터 방식입니다.

본문에 나타난 하나님은 어떤 분이시죠? 목자가 되어주시는 분. 하나님은 무엇을 하고 계십니까? 부족함이 없게 하십니다.

우리에게 적용하자면, 주님은 나의 목자가 되시고 나를 부족함 없게 하신다. 그러면 내가 해야 할 일은? 그분을 나의 목자로 삼아야 합니다.

하나님이 내 인생의 목자가 되도록 해야 합니다. 그게 나의 일입니다.

쉽게 말해서, 내가 내 인생의 목자가 되면 안 됩니다.

이제 우리가 고민할 건 이런 거죠.

어떻게 양이 될까? 어떻게 내가 주님의 양이 될 것인가?

이 부분에서 떠오르는 말씀이 하나 있습니다. 요한복음 10장, 예수님께서 "나는 양의 문이다" 선포하시고, "나는 선한 목자다" 이렇게 설명하시는 거요. "내 양은 목자의 음성을 듣는다."

그러니까 하나님이 내 목자이시고 내가 양이 되려면, 내가 할 일은 명확합니다. 바로 목자의 음성을 듣고 따르는 겁니다.

하나님이 내 목자니까 아무렇게나 살아도 괜찮다?

하나님이 부족함 없이 채워주실 거니까 다 괜찮다?

"하나님이 내 목자! 와, 좋습니다. 끝!"

이렇게 하면 안 되는 거죠.

목자의 음성을 듣고 따른다는 게 우리에게는 어떤 의미입니까?

성경 말씀을 읽고 그 말씀이 내게 요구하시는 바를 수용하고 따르는 삶. 내가 하나님의 양으로서 해야 할 일인 거죠. 듣고 행하는 자가 되는 거. 뒤에서 이 부분을 좀 더 깊이 다루어보겠습니다.

스페이스 방법으로 해볼까요?

본문에서 내가 고백해야 할 죄? 안 보이죠?
본문에서 내가 붙잡아야 할 약속? 있죠.
그런데 인생에서 명백한 부족함이 느껴질 때, 현실적으로 숨이 턱턱 막히는 상황 속에서 이 말씀을 만나면 이런 질문이 자연스럽게 나옵니다. "주님, 내 인생에는 왜 이렇게 부족함이 많습니까?"
하지만 이 고백을 누가 한 것인지 한번 생각해볼까요? 다윗은 목동 생활부터 시작하여 산전수전 다 겪고, 실제로 곰과 사자와 싸워 양을 지켜낸 적이 있던 선한 목자였습니다. 그는 또한 하나님이 자신을 어떻게 보호하셨는지를 잘 알았습니다(삼상 17:37). 그는 전 인생을 걸고 이 고백을 기도로 주님 앞에 올려드립니다.

오늘 현실의 부족함을 보고 불평하고 불신하기보다는 결국, 나를 부족함 없이 인도하고 계시는 하나님을 보고 묵묵히 이 길을 걸어가겠다는 게 적용점이 될 수 있겠죠?

이제, 나만의 질문을 던지면서 본문을 보겠습니다.

부족함이 없다는 다윗의 고백이 우리 현실과 맞지 않을 때 나는 어떻게 해야 하는가? 계속 목자를 믿어야 하는가? 아니면 다른 목자를 찾아야 하는가?

맞아요. 때로는 이 시편 23편이 너무 평화로워서 전쟁 같은 제 일상과는 좀 안 맞는다고 생각할 때가 많았습니다.

시편을 이해하는 좋은 방법이 있어요. 배경을 조금 이해하면, 그러니까 다윗이 어떤 상황에서 이 기도와 찬양을 드렸는지를 안다면 조금 더 다윗의 입장에서 이 본문을 들여다볼 수 있습니다.

시편 23편은 다윗이 아들 압살롬에 의해 쫓겨 도망가면서 쓴 시예요. 마지막 절에 "내가 여호와의 집에 영원히 살리로다"라고 말하지요? 지금 다윗은 예루살렘 다윗성에서 쫓겨나서 벧메르학이라는 곳으로 이동 중에 있습니다. 벧메르학은 "멀리 떨어진 마을"이라는 뜻이에요. 예루살렘에서 떠나 멀리 피신해 있는 거죠. 그리고 다시 다윗성으로 돌아갈 수 있다고 확신하지 못하는 상황. 다윗은 그 상황에서 "내가 여호와의 집에 영원히 살리로다" 이렇게 고백합니다.

사실 시편 23편은 다윗이 인생 최악의 어둠의 골짜기를 지나면서 쓴 거예요. 우리는 상황이 바닥일 때 하나님을 인생의 목자라고 고백할 수 있나요? 상황이 점점 악화될 때 "내게 부족함이 없다"라고 고백할 수 있을까요? 이렇게 다윗이 처한 형편을 알면 1절이 얼마나 위대한 고백인지 알게 됩니다.

다윗은 지금 왕궁에서 편안한 숙소에 앉아 이 노래를 하는 게 아니에요. 반란을 일으킨 아들에게서 목숨을 부지하기 위해 도망가고 있어요. 그런데도 하나님이 나의 목자라고 생각하는 거죠.

> 주님이 내 인생의 목자라면 아예 이런 일이 없도록 해주셔야 하는 거 아닌가
> 하는 생각이 어쩔 수 없이 앞서네요.

맞습니다. 주님이 나를 이끌어주신다면, 내 앞길을 미리 보셨다면 적어도 이런 일은 생기지 않아야 하는 거 아닐까 하는 인생 문제가 다 있죠? 그렇지만 다윗은 현실 상황과는 상관없이 하나님을 신뢰하고 있어요. 이게 과연 어디서 온 자신감일까요? 그는 일평생을 하나님의 인도하심과 보호하심 속에 살았잖아요. 이번에도 하나님께서 나를 인도하실 것이라는 자신감이 그 속에 배어 있었겠죠?

인생 전체를 통해 하나님의 선한 보호하심을 경험한 사람은 이렇게 고백합니다. "주의 법을 사랑하는 자에게는 큰 평안이 있으니 그들에게 장애물이 없으리이다"(시 119:165). 왜 장애물이 없다고 얘기합니까? 그 장애물이 더 이상 장애물로 보이지 않는 거예요.

지금 다윗은 모든 걸 다 잃었습니다.
그런데도 목자가 하나님이시니까 나 괜찮아, 나 부족하지 않아, 하고 고백합니다. 저분이 나를 가장 안전하고 좋은 곳으로 인도해 가실 것이니 그럴 수 있었지요. "하나님, 저 조금 어렵지만 괜찮아요. 하나님만 있으면 돼요." 지금 내 형편이 어떠할지라도 이렇게 고백

할 수 있을까요?

그렇게 할 수 있다면 정말 잘하고 계신 거죠.

우리는 흔히 양은 순진하고 착한 동물로 알고 있죠? 어느 정도 맞기는 합니다. 그러나 성경이 양을 표현할 때는 고집이 세다, 멀리 보지 못한다, 겁이 많다, 어리석다, … 무엇보다 각기 제 길로 가는 존재로 묘사해요. 목자를 따라가지 않고 제 갈 길로 마음대로 간다고 묘사합니다. 이것이 성경이 보여주는 양의 특징입니다.

이런 특성을 나와 비교해보는 거죠.

나는 하나님 앞에서 자기주장을 어떻게 펼치는가?

주장을 끝까지 관철시키는 존재인가?

아니면 목자가 인도하는 대로 순순히 따라가는가?

내가 양이고 주님이 내 목자라면 이 고집을 꺾어야겠죠?

또 하나 멀리 보지 못하죠. 우리는 내일 무슨 일이 있을지 모르잖아요. 준비한다고는 하지만, 그것이 인생의 안전을 보장하진 않습니다. 사람이 많은 계획을 세우지만 그것을 이루시는 분은 하나님입니다. 이 본문에 그런 걸 생각해서 적용할 수 있겠죠?

또 하나 양은 겁이 많죠. 우리도 그래요.

겁이 덜컥 나지요. 자녀에게, 남편에게, 아내에게,

내 인생에 일어난 일로 덜컥 겁이 납니다.

그때 우리는 어떻게 합니까?

울어야 해요. 맹수가 나타났을 때 양은 가만히 있지 말고 울어야 해요. 양이 울어야 목자가 오니까요. 그런데도 안 울어요. 그냥 가만히 있는 거죠. 그게 양의 모습이에요. 인생에서 가장 기도가 필요한 때 기도를 안 한다는 말입니다.

내게 지금 이런 모습들이 있다면

요것을 이렇게 바꿔야 하겠구나 적용할 수 있겠죠?

무엇보다 양은 자기가 가고 싶은 길로 가죠?

목자는요? 양을 위해 가장 좋은 곳으로 인도하죠.

우리도 마찬가지예요.

내가 원하는 인생의 방향이 있고

하나님께서 우리에게 계획하신 인생이 있을 텐데

무엇이 나에게 가장 좋은 것일까요?

하나님이 나를 위해 준비하신 것이 가장 좋은 거 우리도 알아요.

그러나 그걸 신뢰하지 않아요. 좋게 생각하지 않습니다.

내가 원한 길이 아니기 때문이지요.

그래서 자기가 보기에 좋은 길을 선택해 가는 거죠.

양이 황량한 광야를 지날 때 목자는 어딨어요? 목자 역시 광야에 있습니다. 이 광야 같은 인생을 나만 걷는 게 아니에요. 푸른 초장과 쉴 만한 물가로 나를 인도하시기 위해 주님도 거기 계신 거예요. 그런데 우리는 어떻게 생각해요? '이토록 황량한 광야에 왜 나만 혼자 덩그러니 남았습니까?' 이런 원망과 불평을 자주 한단 말이죠? 실상은 그렇지 않습니다. 내가 광야 길을 지날 때 내 인생의 광야를 만날 때 나만 거기 있는 게 아니라 사실은 하나님께서 같이 계세요. 그분이 나를 인도해가시는 과정 중 하나인 거죠. 그래서 저는 이 보물 같은 구절을 읽을 때마다 생각나는 말씀이 있어요.

> 여호와가 너를 항상 인도하여 메마른 곳에서도…(사 58:11a).

하나님이 항상 인도하셨는데, 그곳이 메마른 곳이면 우리는 황당한 거죠. 내가 잘못 온 거 아닌가, 인도하심 같은 건 없는 거 아닌가 생각해요. 그때 다음 본문이 우리를 맞아줍니다.

> … 네 영혼을 만족하게 하며 네 뼈를 견고하게 하리니 너는 물 댄 동산 같겠고 물이 끊어지지 아니하는 샘 같을 것이라 (사 58:11b).

그 뒤 말씀은 나를 샘 같은 존재로 만드신다고 약속하세요. 그 광야를 바꿀 사람이 되도록 만들겠다는 의미입니다. 그래서 하나님께서 광야로 인도해가신다는 이야기입니다.

목자의 관심사는 목자 자신이 아니에요.

목자되신 하나님은 나에게 관심을 두십니다.

나에게 가장 좋은 거, 가장 필요한 것, 그걸 하시려고

사망의 음침한 골짜기를 같이 데려가시는 거예요.

그런데 우리에게는 사망의 음침한 골짜기만 보입니다.

우리는 왜 이렇게 자기 인생에 부족한 게 많다고 느낄까요? 하나님이 내 목자가 되셔서 푸른 초장 쉴 만한 물가로 인도해가시는 과정이기 때문입니다.

그러면 적용할 게 생겨요. 반드시 이 부족함을 없애주시는 내 인생의 날이 옵니다. 지금 내가 부족함을 느낀다면 이때를 견뎌야 합니다. 그리고 목자를 따라가야 하지요. 이것이 저의 적용입니다.

우리는 지금 1절 말씀을 가지고 다양한 묵상과 적용을 했습니다. 이것 말고도 서로의 형편과 상황에 따라 훨씬 다양하게 말씀을 맛볼 수 있어요. 이렇게 해서 큐티는 무궁무진해집니다. 이것을 위해 필요한 게 나눔입니다. 서로 함께 나누면 훨씬 풍성해지겠죠?

목자를 믿지 않으면
쉴 만한 물가는 없다

시편 23편 2절을 같이 보겠습니다.

> 그가 나를 푸른 풀밭에 누이시며 쉴 만한 물가로 인도하시는
> 도다.

이제 손에 펜을 들고 다시 한번 읽어보겠습니다.

내 인생에서 푸른 풀밭은 무엇인가요? '쉴 만한 물가'란 나에게 있어
어떤 상태일까요? 결국, 그리로 나를 인도해가실 것인데 오늘 나는
어떻게 살아야 할까요? 비록 내 현실이 그렇지 않더라도 이 약속을

믿고 사는 거죠. 이런 식으로 적용할 수 있겠죠?

나만의 질문으로 본문을 봅시다.

다윗은 예루살렘 다윗성에서 벧메르학으로 쫓겨가고 있어요.

모든 것이 있는 곳에서 아무것도 없는 데로 가고 있어요.

그런데 다윗은 뭐라고 고백해요?

'여기가 푸른 풀밭, 쉴 만한 물가가 될 거야.'

내가 아무것도 없는 곳으로 쫓겨 간다면

그리고 압살롬 군대와 전쟁해야 하는 상황이라면

그런 상황은 쉴 만한 물가가 절대 아니잖아요?

그런데 하나님이 지금 자신을 그렇게 인도하신다고 고백하고 있어요. 가만히 들여다보면 다윗이 제정신인가 하는 생각이 들기도 해요. 현실적인 판단을 전혀 못하는 것처럼요.

<u>다윗은 왜 현실 상황과는 정반대로 고백하고 있을까요?</u>

왜 그럴까 생각해보면 사실 단순합니다. 다윗은 지금보다 더 현실 같지 않은 상황을 반전시켜 주신 하나님을 많이 경험했어요.

골리앗은 블레셋 최고의 장수였어요. 다윗은 그냥 목동이었습니다. 장수가 싸움에 나갈 때는 갑옷을 입는데, 다윗은 사울의 갑옷을 입고 사울의 칼을 받습니다. 그런데 갑옷이 맞지 않아 벗어버려요.

칼도 익숙하지 않아 내려놓습니다. 그런 다음, 양을 칠 때 자기가 늘 사용했던 물맷돌을 가지고 가요.

다윗은 청소년이잖아요. 이 꼬맹이가 나와 온갖 전장에서 잔뼈가 굵은 장수 골리앗 앞에서 하룻강아지 범 무서운 줄 모르고 떠들고 있죠. 이건 마치 무제한 헤비급 챔피언과 플라이급 일반 선수가 싸우는 것과 같아요. 그런데 결론은 어떻게 됐습니까? 다윗이 승리했죠. 다윗이 자기 힘으로 이긴 겁니까?

아니요. 하나님이 승리를 주신 거지요. 다윗은 그걸 알아요. 그는 물맷돌을 5개 취합니다. 다윗은 던질 것을 여러 개 가지고 갑니다. 한 방에 끝날 거라고 생각을 안 했던 거예요. 그런데 어때요? 다윗이 한 방에 끝낼 수 있도록 하나님이 맡겨주신 거죠.

왜 5개일까? 가끔 이런 생각도 듭니다. 평소에 5번 던져야 한번 맞출 정도의 실력이지 않았을까? 그런데 다윗은 한 번 만에 끝내잖아요. 나머지 80퍼센트를 하나님이 채우신 거죠. 그러니까 다윗은 이 싸움이 애초부터 말도 안 된다는 걸 자기도 알았어요.

골리앗과 싸워 이겼으면서도 다윗은 10년 넘게 사울에게 쫓겨 다니죠. 얼마나 힘들었으면 블레셋으로 망명까지 했을까요? 얼마나 지겨웠으면, 쫓겨다니기 싫었으면 그렇게 했을까요? 그런데 하나님은 그렇게 망명한 다윗을 다시 유대 땅으로 밀어넣으시죠.

결국, 왕이 된 후에야 이 모든 과정을 알았어요. 하나님이 쉴 만한 물가와 푸른 초장을 주신다는 것을. 그래서 모든 것이 있는 다윗성에서 아무것도 없는 벧메르학으로 오면서도 이 길이 자신을 푸른 초장, 쉴 만한 물가로 인도하는 길이라고 고백했던 거죠.

우리도 보이는 현실이 결코 쉽지 않을 때, 보이지 않는 하나님을 신뢰할 수 있을까요? 다윗에게 임하셨던 그 하나님이 나와도 함께하실 거로 믿고, 나도 같은 선택을 하는 것이 믿음의 행동이겠죠? 이게 현재 본문에서 제 눈에 들어온 적용이에요.

또 양은 푸른 풀밭, 즉, 초지가 어디에 있는지 모릅니다. 목자가 알죠. 또 쉴 만한 물가, 이게 원문에는 "잔잔한 물가"로 돼 있어요. 양은 흐르는 물을 먹지 않는다는 것을 잘 아니까 잔잔한 물가로 물을 먹이기 위해 데려가는 거죠.

그런데 목자는 어떻게 알까요? 가봤으니까요. 목자는 이미 답사를 끝낸 거예요. 어디로 가야 할지? 어떻게 데려갈지? 다 머릿속에 있는 거죠. 그러면 양이 물가에 다다를 가장 좋은 방법은 뭐에요?

목자를 따라가는 거. 우리가 여러 계획을 세우지만, 미래는 모르잖아요. 그러니까 두렵죠. 그런데 하나님은 내 인생을 미리 아시고, 가장 좋은 계획도 갖고 계십니다.

양이 목자를 믿지 않으면, 푸른 풀밭과 쉴 만한 물가는 없습니다.

양이 해야 할 일은 목자를 끝까지 신뢰하는 겁니다.

다윗과 하나님 입장에서, 양과 목자 입장에서

질문을 던져보니 적용 거리가 나오죠?

하나님을 닮은,
하나님을
담은 사람

23편 3절을 같이 읽겠습니다.

> 내 영혼을 소생시키시고 자기 이름을 위하여 의의 길로 인도
> 하시는도다.

펜을 드시고, 다시 읽어볼까요?

본문에 나타난 하나님은 어떤 분입니까?
내 영혼을 소생시켜주시는 분.
또 하나. 우리를 의의 길로 인도하시는 분.

하나님이 소생시킨다는 것은 누가 죽어 있다는 의미입니다. 나에게 혹시 죽어 있는 부분은 없는지, 잠들어 있는 부분은 없는지 살펴봅니다. 소망의 영역이, 기도의 영역이 그런 상태일 수도 있어요. 하나님이 심폐소생 하시도록 나를 맡겨야 합니다.

인생에서 정말 사라졌으면 하는 기간이 있습니다. 그런 치명적인 기간은 트라우마처럼 저를 힘들게 하는 것 같습니다. 그때를 생각하면 불평하고 원망하는 마음이 앞서거든요.

하나님을 원망할 수밖에 없는 삶의 조건들이 각자에게 있지요. 하지만 의외로 그것이 하나님의 살리심을 경험할 조건이 될 때가 많습니다. 내가 끝났다고 생각하는 거, 내가 아니라고 생각하는 거 혹은 반쯤 포기하고 덮어놓고 살아가는 것이 있을 때 하나님께서 그걸 살려주시는 거죠.

내가 간절히 원했는데 되지 않았던 것, 그래서 접었던 것.
그 부분을 하나님이 살리셔서 의의 길로 인도해가세요.
하나님이 원하셨던 길인데 내가 힘들어 포기한 것도 많아요. 그것 역시 하나님이 되살려서 하나님 이름을 위한 의의 길로 인도하신다고 합니다.
내 인생을 돌아보면 그런 영역이 나올 수 있겠죠?

이제 나만의 방식으로 질문해볼까요?

"내가 지금 의의 길로 인도함을 받고 있다고 믿는 근거는 무엇인가?"

우리는 남의 말에 영향을 많이 받습니다.

누군가로부터 저주하는 말을 들으면 어때요? 소위 말해 '멘탈'이 흔들립니다.

실험 샘플이 많이 있지요. 양파를 컵에 놓고 한쪽에는 좋은 말을 해주고, 다른 쪽엔 나쁜 말을 해줬어요. 또는 우리가 먹는 밥에 이쪽은 좋은 말, 다른 쪽은 안 좋은 말했을 때 곰팡이가 어떻게 생기는지 비교 실험한 영상들이 많죠?

얘네는 사람의 말을 알아듣는 게 아니잖아요. 그런데도 그렇게 확연한 차이가 있었다면, 인간은 어떻겠어요? 그런 효과가 훨씬 큰 거죠. 그래서 좋은 얘기를 들으면 사람이 좋게 변하죠? 안 좋은 얘기를 들으면 억하심정이 생기는 것과 비슷합니다.

현실적으로 다윗 입장에서 보자면 지금 압살롬에게 쫓겨 죽음을 피해 달아나고 있는 상황이에요. 그런데 이 쫓겨가는 과정에서 사람들은 다윗을 비난하기까지 합니다. 그런 말을 들을 때 영혼이 위축되잖아요. 내가 살아는 있는데 마음은 이미 죽은 경우 … 많잖아요. 그런데 다윗은 지금 먼 곳으로 도망가는 중에 그런 비난을 들으면서도 '하나님께서 내 영혼을 다시 살리실 거야, 자기 이름을 위해 의의 길로 인도하실 거야…'라고 확신합니다. 이 말은 하나님이 압살롬 편이 아니라 다윗 편이심을 고백하는 구절입니다.

'사람이 그렇게 얘기해도 하나님은 내 편이야. 지금 상황을 보고 내가 안 좋게 됐다고, 망했다고 생각하는데 그게 아니야. 하나님은 하나님이 하실 일을 위해 지금 내게 이 일을 허락하신 거야. 나는 하나님과 동행하는 내 인생에 자신 있어.'

사람은 다 상황과 환경의 지배를 받아요. 상황이 나빠지면 상태가 안좋아지는 사람이 있습니다. 그런데 다윗은 그렇지 않았어요. 보이지 않는 하나님께 영향을 받고, 보이지 않는 하나님의 다스림을 더 크게 받았습니다.

그래서 본문을 보면서 이 자신감이 저에게 있는지를 떠올렸습니다. 사람이 수군수군해도, '아니야 괜찮아. 하나님 앞에서 내 모습을 알기 때문에 괜찮아' 할 만큼 살고 있는가를 돌아보았습니다.

큐티를 하면서 이런 말씀을 드렸어요. "사람에게 영향받는 사람이 되고 싶은가요? 하나님께 영향받는 사람이 되고 싶은가요?"

거의 다 후자였잖아요. 그 후자가 되려면 말씀을 가까이하고, 말씀을 통해 나에게 들려주시는 하나님 음성을 듣고, 내가 위로받고 격려받아 거기서 나오는 힘으로 인생을 살아가야 하거든요. 그런 자의 고백은 상황과 환경에 지지 않아요. 사람이 한 말로 실족하지 않습니다.

우리가 그런 거에 많이 속상해하잖아요. 부모님이, 식구들이 옳은 말을 하더라도 내 편이 안 되어주면 속상하잖아요. 그런데 속상해하지 않는 방법이 있어요. 오늘 다윗처럼 절대적으로 내가 옳을 때. 세상이 뭐라 해도 그게 아닌 삶을 살면 괜찮은 거죠. 이 본문이 우리를 돌아보게 합니다. '너는 그런 삶을 살고 있느냐?'

과연 이게 푸른 초장, 쉴 만한 물가로 가는 바른길이 맞느냐고 양은 질문할 수 있어요. 그런데 양은 그 질문에 대한 답을 스스로는 얻을 수 없어요. 자기가 볼 수 있는 한계가 정해져 있기 때문이죠. 목자는 멀리 보지만 양은 이렇게 멀리 보지 못하잖아요. 목자의 시야와 양의 시야가 전혀 다를 수밖에 없죠? 그러므로 절대적으로 목자를 신뢰하면 되죠. 내가 보는 인생 관점과 하나님이 보시는 인생 관점은 거리 자체가 달라요. 그러니까 하나님을 신뢰해야 되겠다⋯. 이렇게 적용되겠죠?

하나님의
테스트를
통과한 사람

4절 말씀입니다.

> 내가 사망의 음침한 골짜기로 다닐지라도 해를 두려워하지
> 않을 것은 주께서 나와 함께하심이라 주의 지팡이와 막대기
> 가 나를 안위하시나이다.

지금 인생에서 사망의 음침한 골짜기와 비슷한 것을 경험하고 있다
면 이 단어가 눈에 먼저 들어왔을 겁니다. 그리고 그곳에서 입는 해
(害)가 염려된다면 '해'에 뭔가 표시가 되어 있겠고요….
이제, 돌아보니까 하나님이 이렇게 인도하셨구나…, 이게 사무친다

면 "두려워하지 않을 것은" 여기에 표시가 되어 있겠지요?
차차 살펴보겠습니다.

본문에 나타난 하나님은 어떤 분인가요? 나와 함께하시는 분.
그런데 그분은 어디에 계세요?
사망의 음침한 골짜기를 지날 때 목자는 양이 그냥 가도록 할까요?
아니죠. 혹시 양을 들쳐 업고 가는 목자를 묘사한 그림 보신 적 있
으시죠?
까딱 실수하면 떨어질 수도 있는 이런 골짜기에서는 목자가 양들을
제 발로 가게 두지 않아요. 양보다는 멀리 보고 안전하게 건널 수
있는 목자가 양을 들쳐 업습니다.
그런데 양의 눈에는 뭐밖에 안 보여요? 사망의 음침한 골짜기만 눈
에 들어옵니다. 우리 눈에는 어려워 보이고, 힘들어 보이고, 고민스
럽게 보이고, 걱정스러워 보이는 상황만 크게 느껴집니다. 우리는
거기 나 혼자 있는 게 아니라 주님이 나를 들쳐 업고 계시거나 안고
계심을 기억해야 해요. 이 확신과 믿음이 양에게 필요하죠.

그러면 우리에게 적용할 것이 생깁니다. 근심 걱정 염려 거리들, 이
런 것이 없었으면 내 인생은 얼마나 자유롭고 행복할까 하는 생각
을 우리는 많이 합니다. 그것을 없애달라고 많이 기도하잖아요. 우
리가 이걸 기억한다면 기도가 조금 바뀔 수 있겠죠? 상황은 똑같아
요. 그런데 자기 발로 서 있는지 주님과 함께 있는지, 인식하는 차

이에 따라 내 고백이 달라지는 거죠.

하나님이 나와 함께하시기 때문에 '모든 일'이 잘될 것이다. 그것을 가리켜 '신화'라고 합니다. 주님께서 나와 함께 계셨기 때문에 다 잘되는 게 아니에요. 모든 일이 열려야 되는 것도 아닙니다.

말씀드렸잖아요. 과정을 거쳐야 합니다. 그리고 주님께서 나와 함께 계셨기 때문에 내가 이 과정을 견딜 수 있습니다. 이렇게 적용해야 하는 거죠.

아, 복잡했던 생각이 아주 명쾌하게 정리가 됩니다. 적용도 잘못하면 더 힘들어질 수 있네요.

실제로 압살롬이 다윗을 죽이려고 많은 노력을 했어요. 본문을 읽어보면 예루살렘으로 오기 전에 왕이 되려고 헤브론에서 4년 정도 준비해요. 그리고 그 과정에서 다윗의 군대에 필적할 만큼 군대를 모아 쳐들어가죠. 여차하면 다윗도 죽을 수 있는 상황이었어요.

그런데 다윗이 해를 전혀 두려워하지 않았다면, 도망가지 않아야 하잖아요. 아무리 군사를 많이 모았다고 해도 한 나라의 군대만큼은 안 되었을 거잖아요. 그래서 도망가지 말고 반격했으면 되지 않았을까요? 그런데 다윗은 왜 사망의 음침한 골짜기를 지나 지금 벧메르학으로 가고 있을까요?

이유가 있어요. 말한 대로 다윗의 군대는 훨씬 많았습니다. 당시 장수만 6백 명이었고, 그들이 이끄는 군대는 헤브론에서 압살롬이 모았던 숫자보다 훨씬 많았어요.

그런데 다윗은 그걸 안 해요. 그냥 압살롬이 다윗성에 들어오게 하고 본인은 그 자리를 피합니다. 왜 피해요? 압살롬을 죽이지 않기 위해서요. 그래서 다윗의 충신, 요압 장군에게 부탁해요.

"압살롬을 살리고 절대로 죽이지 마라."

다윗이 도망가니까 마치 두려워하는 것처럼 보이지만 그게 아니에요. 다윗은 자기 아들을 또 잃을까 봐 그랬던 겁니다. 이미 다윗은 밧세바 사이에 낳았던 아들을 잃은 적이 있습니다. 그리고 자녀들 사이에 분쟁이 생기고 죽어나가는 장면을 계속 봤단 말이에요. 압살롬이 그래서 화가 난 거잖아요. 부모 된 다윗에게는 큰 아픔이 있었어요. 그런데 지금 다시 군대를 일으켜 압살롬을 대적하면 그 아이도 자기 손으로 죽여야 하잖아요. 다윗은 그걸 피하고 싶었던 거죠.

다윗에게 사망의 음침한 골짜기는 바로 자녀의 회복 문제였어요. 그래서 다윗은 아무것도 하지 않고 피합니다. 지금 상황에서 다윗은 자리를 내주고 벧메르학으로 내려가는 거죠.

이런 그에게는 믿는 구석이 있었어요. 다음 구절을 볼까요?

"주의 지팡이와 막대기가 안위하신다."

다윗은 목동 출신이었기 때문에 지팡이와 막대기가 무엇인지 잘 알았어요. 맹수가 나타났을 때도 이것으로 쫓았어요. 그것을 가지고 양을 지켰기 때문에 다윗은 잘 압니다. 출애굽기에서 모세가 들었던 지팡이와 비슷한 것인데, 영화에서 보듯이 사람 키만하고 멋있게 생긴 막대기가 아닙니다. 대략 1미터 정도 되는 부지깽이 같은 '막대기'였어요.

막대기가 엄청 화려하고 단단한 것은 아니어서 금방 부러졌어요. 네, 맞습니다. 목동은 막대기 하나만으로 양을 지킬 수는 없어요. 그러면 뭘로 지켜요? 자기 몸을 던지는 거죠. 그러니까 본문에서 주의 지팡이와 막대기가 어떤 의미인지 다윗은 잘 알았어요. 하나님은 당신 전체를 던지셔서 나를 지켜주실 것. 나를 지키시는 하나님의 막대기와 지팡이는 결국 하나님 자신을 말합니다. 그래서 이 구절 중간에 뭐라고 고백해요?

"주께서 나와 함께하심이라." 이 믿음과 확신이 우리에게 필요한 거죠.

다윗도 이미 양을 그렇게 지켜낸 경험이 있으니까 이런 상황에 있는 자기를 하나님께서 온몸을 바쳐 지키신다는 확신이 있었죠. 우리에게도 이런 마인드가 필요하겠죠? 이것을 염두에 두면 우리가 질문하고 적용할 수 있는 것이 많아져요.

내가 하나님을 이렇게 신뢰하는가?

큰 사랑과 은혜를 받아본 사람이 그것을 전해줄 사람이 되지요.
모세가 그랬잖아요. 하나님께 큰 은혜를 받아 변화되니까
이스라엘 민족을 변화시키는 사람으로 쓰임받지요?

이제 우리에게 질문이 있죠.
과연 나는 주님이 함께하실 만한 사람인가? 우리도 그런 질문을 해
봐야 해요. 나는 하나님이 함께하실 수 있는 사람인가? 하나님이 나
와 함께하실 때 나는 부끄럽지 않은 사람인가?

그렇다면 내가 그날 어떻게 살아가야 하는지가 나오죠.
이 하나님의 안위와 보호를 바라는 사람이 무엇을 준비해야 하는지
가 이제 등장해요. 이처럼 나만의 질문을 사용하면 본문에 대한 이
해가 깊어집니다. 그래서 이 본문 속에서 내가 취할 태도와 자세가
무엇인지 분명하게 알려주죠.

다 잃었어도
하나님이 계시면
하나도 잃은 게 아니다

시편 23편 5절 말씀을 같이 한번 읽어보겠습니다.

주께서 내 원수의 목전에서 내게 상을 차려주시고 기름을 내
머리에 부으셨으니 내 잔이 넘치나이다.

두 번 읽으면서 표시한 게 있죠? 조금 있다가 개인 질문에서 해볼게요.

본문에 나타난 하나님은 어떤 분이고 무엇을 하시는가?
상을 차려주시는 분, 머리에 기름을 부으시는 분,
내 잔을 넘치게 하시는 분. 이렇게 3가지 모습이 나오죠.

이제 이걸로 질문해봐야죠. 상을 차려 주시는 장소가 어디에요?

내 원수의 목전.

이 시편의 배경은 압살롬 때문에 다윗성을 떠나 벧메르학으로 도망 갈 때라고 했죠? 그러면 그때 내 원수의 목전(目前)이라면 어떤 상황이에요? 위태로운 시간이죠.

그런데 그렇게 위태로울 때도 하나님은 뭘 차려주세요? 상(床)을 차려주시죠? 이게 식사 자리거든요. 원수의 목전이면 전쟁 한복판이잖아요. 그 한복판에서 하나님은 나를 위해 상을 차려주시는 분이라는 거죠. 그러니까 하나님 은혜는 내 예상과는 다른 차원이에요.

이걸 우리에게 적용해볼까요? 지금 내가 원수의 목전에 있는 상황일 수도 있잖아요. 위태로운 순간 그리고 걱정과 근심과 염려가 많은 순간, 내 힘으로 뭔가 어떻게 해볼 수 없는 상황, 무언가 쫓기는 삶을 살아가는 상황.

그런 때에도 하나님은 어떤 분인가요?

내가 예상하지 못했던 은혜를 베푸시는 분. 상황은 이렇지만, 예상할 수 없는 은혜를 베풀어주시는 분이심을 믿습니다.

그래서 적용이 두 가지로 나와요.

하나, 힘든 상황으로 원망하고 불평하는 마음이 생긴다면?

'그렇지. 하나님이 이런 분이시지? 내가 나를 바꿔야 되겠다. 원망 불평할 게 아니라 오히려 이 상황에서도 은혜를 주실 하나님을 기대

해야겠다. 이것을 기도로 바꾸거나 찬송으로 바꾸어야겠다.'
이렇게 적용할 부분이 하나 생기죠?

둘, 이 상황에서도 하나님 은혜를 기대한다면 흔들리지 말고 하루를 살면서도 이 마음을 지켜가야겠다.

이렇게 적용할 때 큐티 묵상을 마친 다음에 바로 뭘 해야 할지 떠오르는 경우가 있구요. 하루를 살아가면서 그런 게 나올 수도 있습니다.

다음 구절을 보겠습니다.
"기름을 내 머리에 부으셨으니." 유대인들이 머리에 기름을 붓는 행위는 존귀한 자로 인정한다는 뜻입니다. 왕을 세울 때도 같은 일을 합니다. 그래서 사무엘이 다윗의 머리에 기름을 부어 왕으로 세우잖아요.

지금 다윗의 형편은 어땠습니까? 압살롬이라는 새로운 왕이 일어났어요. 본인은 지금 쫓겨 도망가고 있고요. 자기는 마치 폐위된 것처럼 느꼈을 거에요.
그런데 하나님은 여전히 나를 어떻게 여겨주시는 거에요?
"여전히 이스라엘의 왕은 너란다. 내가 선택한 존귀한 자는 너야."

지금 이 본문 상황만 보면 다윗이 궁지에 몰려 쫓겨 가는 걸로 보여요. 그런데 하나님의 관점은 어때요?

그의 머리에 여전히 기름을 부으셨다잖아요.

그러면 현 상황을 실패로 볼 필요가 없는 거죠.

이 본문의 배경을 전혀 모르더라도 우리는 이미 머리에 기름을 바르는 게 어떤 의미인지 잘 알잖아요.

내 상황은 최악인데, 하나님은 나를 존귀하게 여기시는구나!

가장 아픈 상황에서도, 하나님은 나를 존귀하게 대하시는구나!

이게 나에게 어떤 메시지로 다가옵니까?

그 상황에 빠지면 흔히 우리는 어떻게 얘기합니까?

자책합니다. 나 때문에 이렇게 됐다.

그런데 하나님은 그게 아니라고 하세요.

아냐. 너 때문이 아니야. 네 잘못이 아냐.

상황이 가장 나쁠 때, 우리에게는 후회가 많이 찾아와요.

실패감, 좌절감이 많이 밀려들기 때문에 자존감이 떨어지죠.

그래서 최악일 때 '내가 살아서 뭐⋯' 이런 생각도 하게 되잖아요.

하지만 하나님은 다윗을 그렇게 다루지 않으시죠?

"너는 여전히 내가 세운 왕이야. 여전히 내가 선택한 자야."

그러면 우리에게도 적용할 게 있겠죠?

사람이 평가하는 나, 환경이 평가하는 나보다
하나님이 평가하시는 나로 살아야겠다.
"나는 환경이 말해주는 것보다 훨씬 존귀한 사람이다."
이렇게 하루를 지내면서 읊조릴 문장을 하나 만들어낼 수 있겠죠?

부록에 〈큐티저널〉 작성법을 적어두었는데, 이렇게 한 문장을 만들어놓으면, 그날 살아가면서 자존감이 떨어질 때마다 이 말씀을 계속 읊조릴 수 있습니다. 상황과 환경이 나를 지배하려 할 때마다 그것을 이길 방법이 등장하는 거예요.

5절을 계속 볼게요.
"내 잔이 넘치나이다."
현재는 다 잃은 상황이에요.
하지만 다시 채우시는 하나님을 기대해요.
그 하나님을 붙드는 순간에 뭐가 생겨요? 희망이 생기죠?
상황만 보면 절망적이에요.
그런데 다시 채워주실 하나님을 보면 소망이 생기잖아요.

적용은 단순합니다. '내 상황을 보지 말고 채워주시는 하나님을 보겠다.' 구체적으로 각자 상황에서 내가 하나님을 어떻게 바라볼 것인지 나오겠지요?
이제 나만의 질문을 던져볼까요?

본문에서 제 눈에 확 들어온 부분은 5절 전체의 주어입니다.

"주께서."

다윗은 모든 것을 잃고 쫓겨 가고 있어요. 그런데 이 상황을 역전시키는 분은 다윗이 아니라 하나님이잖아요. 내 인생의 주어가 누구인가를 이 본문을 보며 다시 생각하게 됐어요.

모든 것이 풍부했던 예루살렘 다윗성. 이제 거기를 떠나 정처 없는 도망자 신세가 됐으니까 모든 것을 다 잃었죠? 그런데 주님께서 이 것을 반전시키십니다. 내가 해야 할 일은 그 주님을 붙드는 거예요.

다윗이 하나님을 붙들고 있으니까 그렇게 고백할 수 있었습니다. 지금 다윗성을 떠나 벧메르학으로 가지만 자신은 여호와의 집에 영원히 거할 것이라고 확신했어요.

그곳이 어딘가요? 자기가 떠나온 데잖아요. 여기 다시 돌아갈 거라고 이미 확신하고 있어요. 인생의 고난마다 하나님께서 다윗을 다시 일으켜 주셨잖아요.

"모든 것을 잃었지만 하나님이 계시면 아무것도 잃은 게 아니다."

이것이 하나님을 주어로 하는 사람에게 생기는 확신과 은혜입니다.

그렇다면 나는 어떻게 살 것인가?

주님이 내 인생의 주어가 되는 삶을 살아야겠다고 다짐합니다.

한 가지 부탁드리고 싶은 건 큐티하면서 본문에서 특별한 걸 발견하려고 하지 마세요.

우리가 자녀들에게, 남편에게, 부모님에게

사랑하는 가족에게 특별한 걸 원하나요? 그런 거 없잖아요.

그냥 건강했으면 좋겠고, 서로 사랑했으면 좋겠고

주어진 일을 잘 해냈으면 좋겠고….

우리가 바라는 게 엄청 특별한 게 아니지요.

남이 모르는 특별한 걸 발견해야겠다고 들여다보는 분들이 있어요.

그건 신학자나 목회자들이 오랜 연구를 통해 해야 할 일이고요.

큐티는 그런 게 아닙니다. 특별한 기술이나 지식을 요하거나 특별

과정을 수련해야 하는 게 아니란 말이죠.

하나님도 우리에게 특별하게 말씀하시지 않으세요. 하나님은 대부

분 상식적이고 일상적인 걸 말하십니다. 그걸 우리가 잘 잡아내고,

실천하다 보면 특별한 사람이 되어 있어요.

왜 그럴까요? 그렇게 하는 사람이 없어 그렇습니다.

이게 우리에게 중요해요.

진정한 그리스도인은 특별한 일을 하는 사람이 아니라, 평범한 일을 하나님의

방식으로 특별하게 하는 사람이라는 이야기가 와닿습니다.

잘 알려진 맛집을 가보면 그들만의 특별한 레시피가 있잖아요.

그런데 공통적으로 중요한 게 있어요. 신선하고 좋은 재료를 쓴다.
아무리 비법이 좋아도 재료가 신선하지 않으면 맛이 날 수가 없죠?
큐티가 그런 거라 생각하시면 됩니다.
본문에서 엄청 새로운 것을 발견하려는 욕심보다는, 재료 자체는
최상급이니 본문 그대로 담백하게 보면 됩니다.

아, 나는 왜 아무것도 못 볼까?
나에게는 부딪혀 오는 게 왜 아무것도 없을까?
이런 생각이 들면 사람들은 좌절합니다.
그럴 때 어떻게 하셔야 한다고요?
'아, 나 잘 살고 있구나.'
나에게 부딪혀오는 게 없으면 다 잘 살고 있으니까
하나님도 잠잠하신다고 생각하세요.
때로는 그렇게 생각하는 게 필요합니다.

하나님의
은혜를
보는 눈

6절로 가겠습니다. 같이 읽어볼까요?

> 내 평생에 선하심과 인자하심이 반드시 나를 따르리니 내가
> 여호와의 집에 영원히 살리로다.

먼저 세 가지 질문을 던져볼까요?

본문 속에서 하나님은 어떤 분이시지요? 선하신 분 그리고 인자하
신 분. 신실하고 사랑 많으신 분입니다.

본문 속에서 하나님은 무엇을 하고 계시나요?

나에게 선하심과 인자하심을 주고 계시죠? 하나님의 신실함과 사랑은 늘 거기 있어요. 늘었다 줄었다 하는 게 아닙니다. 그런데 그것이 나에게 임하게 하려면, 내가 경험하려면 어떻게 해야 하는가?

믿음의 길 초반에, 우리는 이렇게 얘기합니다.

내가 이렇게 된 건 하나님이 지켜주지 않아서야.

내가 힘들어진 건 하나님이 적극 돕지 않아서야.

그런데 신앙이 조금 더 견고해지면 말하는 내용이 달라져요.

아, 하나님이 나를 훈련시키시나 보다.

하나님이 나를 연단시키시나 보다.

하나님이 이걸 통해 기도하게 하시나 보다.

본문에서 이 하나님의 선하심과 인자하심이 반드시 나를 따른다고 했는데 그러면 지금 압살롬에게 쫓겨나게 된 이 상황은 도대체 뭔가? 하나님의 선하심이 따른다면 이런 일은 없어야 하는 거 아닌가 생각하죠?

그러다 보면 하나님의 인자나 선하심 같은 건 없다는 낙심과 함께 그다음에 원망과 불평이 나오죠. 이게 마라 앞에서 이스라엘 백성이 했던 불평과 같아요.

지금 다윗은 그렇게 하지 않습니다. 하나님의 인자하심과 선하심이 나를 계속 추격해가면서 은혜를 주시는 분인 줄 안다고 고백하죠.

적용할 게 나오죠?
하나님, 내가 여기서 흔들리지 않을 겁니다.
상황과 환경 때문에 흔들리지 않겠습니다.
내가 잃은 것 때문에 흔들리지 않겠습니다.
내가 떠나온 것 때문에 흔들리지 않겠습니다.
왜요? 거기 하나님이 계시니까요. 다 잃었다고 생각했는데 하나님
한 분 있으면 다 잃은 게 아니니까.
그러면 그 순간 그 사람이 뭐가 됩니까?
세상이 감당할 수 없는 사람이 되는 거예요.

마라 앞에서의 원망과 불평은 '현실'에 근거한 거예요. 물이 없으니
까, 먹을 게 없으니까 원망하고 불평하는 거예요. 그런데 믿음에 기
초한 모세는 원망 불평이 아니라 뭐를 했어요?
기도를 합니다. 원망 거리를 그냥 불평과 원망으로 허비하는 사람
이 있고 똑같은 원망 거리를 기도와 간구의 제목으로 바꿔 하나님
께 가는 사람이 있습니다.
우리는 현실에 기초한 인생을 살고 있습니까?
아니면 믿음에 기초한 인생을 살고 있습니까?

이제 나만의 방법으로 적용해볼까요?

저는 개인적으로 "내 평생에"라는 구절이 눈에 들어왔어요.
지금까지 다윗이 살아온 인생이 있잖아요.
그 인생에서 하나님은 항상 선하신 분이었어요.
그 인생에서 하나님은 항상 인자하심이 넘치는 분이었죠?
다윗이 한평생 살아보니 하나님은 사랑이셨어요.
살아보니까 하나님은 나에게 성실하셨어요. 이걸 안 거예요.

지금까지 나에게 사랑을 베풀어주시고 신실하게 대하셨던 그 하나
님. 나만 바뀌지 않는다면 여전하시겠지요? 1절부터 5절까지 다윗
의 마음 중심은 흔들림이 없습니다.

평생에 하나님의 선하심과 인자하심을 경험하지만
오늘날 차가운 현실 때문에 흔들리는 사람이 너무 많습니다.
예전에 내게 베풀어주셨던 은혜 덕분에 감사해서 간증하지만
지금 힘들면 그 하나님이 나를 다시 건져줄 거라는 생각으로
감사와 찬양을 하며 살기 힘들어요. 그게 우리 모습입니다.

저는 "내 평생에"를 들으며 세월이 조금 더 지나도 여전히 이런 말
을 하는 사람으로 남아 있을 수 있을까를 물었습니다.
사사 삼손에게 주셨던 하나님의 은혜는 처음부터 끝까지 변함이 없
었어요. 하지만 삼손 스스로가 하나님의 신실함과 사랑이 임하는
통로를 닫아버립니다. 그때, 삼손은 자기 인생을 돌이켰어야 했죠.

그걸 안 한 거예요. 그래서 삼손 이야기는 삼손처럼 살면 안 된다는 것을 기록해놓은 거잖아요.

우리도 마찬가지죠? 본문 속에서 하나님의 선하심과 인자하심이 반드시 나를 따르는데도 내 인생에는 왜 이런 험한 일이 생기는가? 하나님 때문이 아니라 누구 때문이었나요?

반면, 다윗은 뭐하고 있어요?
모든 것이 있는 곳에서 아무것도 없는 곳으로 가고 있어요.
다 잃었어요. 손가락질받는 자리에 가게 됐죠?
그런데 괜찮대요. 왜요?
이 자리를 주신 하나님이 아직 나와 함께 계시니까.
다윗은 자기가 잃은 것보다 하나님을 잃지 않은 것에
안심하고 있고, 미래를 향한 소망과 희망을 간직하고 있죠.

우리는 내게 주신 것은 다 하나님이 주신 거라고 고백하잖아요.
그런데 이거 잃었을 때 어때요?
세상이 무너지는 것 같죠? 우리가 다 그래요. 저 역시 마찬가지죠.
하나님께서 왜 이런 것들을 드러내실까요?
이걸 잘 생각해야 해요.

평생을 살아오면서 경험한 하나님 은혜와 인자하심이 있겠죠? 그걸 정리해봐야 해요.

하나님이 내게 주신 은혜가 어떤 것이었는가?

내게 베풀어주신 사랑이 어떤 것이었는가?

그거를 조금씩 정리해가야 해요.

그래야 상황이 힘들고 어려워질 때마다, 나에게 이런 은혜를 주신 하나님이 계셨지? 변함없이 신실하고 사랑하시는 분이셨지? 지금도 그럴 거고 앞으로도 그럴 거야 하면서 나를 지킬 수 있으니까요.

이 믿음의 고백이 우리에게 중요한 까닭이 거기 있습니다.

저는 한 줄 정리를 이렇게 했어요.

"다 잃어도 하나님을 잃지 않으면 하나도 잃은 것이 아니다."

반대도 있겠죠?

다 가져도 하나님을 잃으면 다 잃은 것이다.

이게 우리의 삶이 되어야 하겠죠?

5장

큐티의 완성

본문 읽기만
잘해도 큐티는
풀린다

앞에서 큐티의 방법론과 함께, 우리에게 익숙한 말씀을 가지고
그것을 세세하게 적용해보는 시간을 가졌어요.

이제는 큐티를 하면서 조심해야 할 부분,
그리고 큐티를 통해 확실히 얻을 유익을 생각해보면서
전체를 정리해보도록 하겠습니다.

본문을 읽을 때, 잘못된 방식으로 읽을 때가 있습니다.
여기에는 3가지 패턴이 있습니다.

첫째, 본문이 따라야 할 모범이 아닌 경우.

창세기 12장에 나오는 말씀입니다.

> [10] 그 땅에 기근이 들었으므로 아브람이 애굽에 거류하려고 그리로 내려갔으니 이는 그 땅에 기근이 심하였음이라 [11] 그가 애굽에 가까이 이르렀을 때에 그의 아내 사래에게 말하되 내가 알기에 그대는 아리따운 여인이라 [12] 애굽 사람이 그대를 볼 때에 이르기를 이는 그의 아내라 하여 나는 죽이고 그대는 살리리니 [13] 원하건대 그대는 나의 누이라 하라 그러면 내가 그대로 말미암아 안전하고 내 목숨이 그대로 말미암아 보존되리라 하니라 [14] 아브람이 애굽에 이르렀을 때에 애굽 사람들이 그 여인이 심히 아리따움을 보았고 [15] 바로의 고관들도 그를 보고 바로 앞에서 칭찬하므로 그 여인을 바로의 궁으로 이끌어들인지라.

땅에 기근이 들어 아브람이 가나안 땅에서 애굽으로 내려갔을 때였습니다. 큐티할 때 이 본문을 만난다면 쭉 읽어가면서 먼저 이런 질문을 던지겠죠? 마르틴 루터식 질문법입니다.

　① 본문에 나타난 하나님은 어떤 분인가?
　② 본문 속에서 하나님은 무엇을 하시는가?

③ 내 삶에 적용할 만한 교훈은 무엇인가?

보니까 별로 없어요. 그러면 이제 스페이스 방법으로 넘어가 보죠.

고백해야 될 죄가 있는가? 딱히 없는 것 같고요.
붙들어야 할 약속이 있는가? 잘 모르겠습니다.
피해야 할 행동? 네, 그건 있네요.
본문에서 순종해야 할 명령은? 그것도 있어요.

여기서 네 번째 질문을 더 살펴보죠.
지금 아브라함과 사라에게 위기가 닥쳤습니다. 기근이라는 위기가
닥쳐 기근을 피하려고 애굽으로 갔어요. 그런데 어떤 상황이 펼쳐
지나요? 애굽 사람들을 만나는데, 그들이 부부인 줄 알면 자신은 죽
을 것이고, 사라는 아름다우니까 아내로 삼을 것이라고 아브라함은
초조해합니다. 그래서 대안으로 내놓은 게 13절입니다.

"그대는 나의 누이라 하라 그러면 내가 그대로 말미암아 안전하고
내 목숨이 그대로 말미암아 보존되리라 하니라."

좀 말이 안 되는 이야기지만, 비슷한 인생의 위기를 만났을 때 이
본문을 아내가 묵상하면서 '이렇게 해서 남편을 살릴 수만 있다면
해야 하는 거 아닌가?' 슬며시 이런 생각이 들 수 있단 말이죠.

이런 게 아주 잘못된 읽기의 예입니다.

남편이 이런 비겁한 제안을 한다면 절대 대응하지 마십시오.

사라처럼 하면 안 돼요.

그럼, 이 본문이 왜 기록되었을까? 이것을 생각해봅시다.

본문은 아브라함의 실수에 관한 내용이지요. 이런 큰 실수가 있었지만 이후 하나님께서 아브라함도 사라도 건져주시죠?

실수가 있었음에도 하나님의 은혜는 함께했어요. 그럼, 어차피 하나님 은혜가 있으니 난 실수해도 괜찮다? 그건 아니지요. 본문을 보면서 나도 사라처럼 해도 되겠구나, 혹은 남편이라면 아브라함처럼 해도 되겠구나···. 그것도 아닙니다.

이렇게 하면 안 되기 때문에 기록해 놓은 거예요.

이게 큐티하면서 본문을 잘못 읽게 되는 가장 쉬운 사례입니다.

> 잘 모를 때는 진지하게 성경 인물의 모든 행동 뒤에 큰 의미를 부여하면서 따라 해보려고 노력했던 것 같아요. 이제는 성경 전체에서 그 본문이, 그 사람이 담당하는 위치가 조금씩 보이기 시작해요. 무작정 교훈을 얻으려고 하지 않게 되었어요.

우리는 마치 드라마를 보듯이,
성경을 읽다 보면 자신이 아브라함 입장이 되거나
사라의 입장이 되는 것에 집중합니다.

그런 동일시가 필요할 때도 있습니다.

그런데 반대도 하셔야 해요.

즉, 등장인물이 아니라 제3자가 되어야 할 때도 있어요.

무엇보다 하나님 입장에 서는 게 중요해요. 이렇게 아내를 누이라고 말하라고 제안하는 아브라함을, 또 이것을 받아들여 그대로 따르는 사라를 하나님은 어떻게 생각하실까? 이 생각을 해봐야 합니다.

하라, 하지 말라가 분명한 본문이 있고

스토리를 통해 그걸 발견해야 하는 구절이 종종 있어요.

기근이 들어 아브라함이 애굽에 거주하려고 내려갔죠.

아브라함은 하나님 때문에 여기 온 거잖아요.

그리고 가나안 땅을 약속받잖아요.

이제 움직이려면 누구랑 상의해야 해요?

하나님과 상의해야죠. 그런데 그 부분이 없잖아요.

그러니까 하나님과 소통 없이 본인 생각으로 대안을 마련했을 때 얼마나 잘못되어 가는지를 보여주는 좋은 예입니다.

그래서 이런 본문을 큐티하면서 생각해야 할 게 있어요.

일단 본문 내용을 거꾸로 뒤집어서 볼 필요도 있고,

제3자 입장에서 본문을 보려는 시도도 해야 합니다.

그러면 이 본문은 왜 기록했을까요?

"아브라함처럼 하지 말라고" 기록해놓은 거예요.

모세가 아브라함을 다루시는 하나님 이야기를 기록하면서 이 사람처럼 하면 안 된다는 의도로, 아브라함의 실수를 적어놓은 것이죠.

기도 없이 움직이는 아브라함과 사라를 보면서 우리는 어떻게 적용할 수 있을까요?
'아브라함과 사라처럼 하면 안 되겠다.'
'하나님의 약속과 달리 상황이 좋아보이지 않을 때도 그것을 뒤집으면 안 되겠다.'
우리의 적용은 이렇게 가야죠.
그러므로 본문을 보며 생각하셔야 해요.
내가 본문 속으로 들어가 주인공이 될 것이냐?
아니면 좀 더 떨어져 제3자 입장에서 이 본문을 볼 것이냐?
이것을 생각하셔야 합니다.
이런 경우가 또 있습니다.

사사기 6장에 등장하는 기드온에 관한 내용입니다.

> 36 기드온이 하나님께 여쭈되 주께서 이미 말씀하심 같이 내 손으로 이스라엘을 구원하시려거든 37 보소서 내가 양털 한 뭉치를 타작마당에 두리니 만일 이슬이 양털에만 있고 주변 땅은 마르면 주께서 이미 말씀하심 같이 내 손으로 이스라엘을 구원하실 줄을 내가 알겠나이다 하였더니 38 그대로 된지

라 이튿날 기드온이 일찍이 일어나서 양털을 가져다가 그 양털에서 이슬을 짜니 물이 그릇에 가득하더라 [39] 기드온이 또 하나님께 여쭈되 주여 내게 노하지 마옵소서 내가 이번만 말하리이다 구하옵나니 내게 이번만 양털로 시험하게 하소서 원하건대 양털만 마르고 그 주변 땅에는 다 이슬이 있게 하옵소서 하였더니 [40] 그 밤에 하나님이 그대로 행하시니 곧 양털만 마르고 그 주변 땅에는 다 이슬이 있었더라.

하나님은 기드온을 미디안 사람에게서 백성을 보호하는 사사로 부르셨어요. 그런데 기드온이 아무리 봐도 자기는 그 일을 감당할 수가 없는 거예요. 그래서 하나님과 티격태격하는 이야기들이 6장에 쭉 등장합니다.

하나님은 분명히 기드온을 사용하고자 하셨어요. 그래서 기드온을 부르십니다. 하지만 그에게는 확신이 없습니다. 그 상태에서 기드온은 증거를 보여주시면 하겠습니다, 라고 말씀드리고 있죠.

우리도 내가 이걸 해야 할지 말아야 할지 확신이 없을 때 이 방법을 흉내 내곤 합니다.

"하나님, 이 직장인지 저 직장인지… 이 사람인지, 저 사람인지… 이런저런 싸인을 주시면 제가 그것을 하겠습니다."

본문에 나타난 하나님은 어떤 분이에요? 우리 요청에 응답하시는 분. 그럴 때 어떻게 적용해요? "하나님이 나에게 주신 약속에 확신이 없으면 나도 이런 요청을 해보자…."

하지만 여러분, 그러시면 안 됩니다.

이 사사기 본문을 잘못 읽는 대표적인 사례입니다.

이런 식의 적용은 정말 지금도 많이 하는 실수 같아요.

아까 말씀드렸듯 왜 이 본문을 기록했는지를 늘 생각해야 합니다. 기드온처럼 하나님을 테스트하라고 본문을 기록한 것인가? 아니면 기드온처럼 테스트하지 않아도 된다는 걸 알려주시기 위해 본문을 기록한 것일까? 이걸 생각해야 해요.

기드온이 등장하는 사사기 전체 내용을 보면 이렇게 하지 않아도 된다는 것을 보여주십니다. 하나님은 이렇게 기드온이 테스트하지 않아도 그를 통해 이스라엘 백성을 구원해내신 분이잖아요.

기드온과 300용사 이야기 아시죠? 군사를 3만 2천 명 모았는데 몇 번 테스트를 하자 모두 집으로 돌아가 결국 3백 명만 남잖아요? 우리는 3백 명의 '용사'를 강조하죠. 그런데 하나님이 보여주시려는 것은 그게 아닙니다. 하나님께는 300명만 있어도 됩니다. 그 물을 어떻게 먹었는지는 크게 상관 없어요. 그 적은 숫자를 데리고도 대군을 무너뜨릴 수 있는 분이 하나님이심을 보여주기 위한 거죠.

우리는 성경 본문 속 주인공이 되는 걸 중요하게 여깁니다. 그러나 한 번쯤은 아까 말씀드렸듯 제3자가 되어야 합니다. 과연 기드온처럼 하나님을 테스트하는 것을 그분이 기뻐하실까요?

기드온은 어떻게 기도했어야 합니까? "하나님, 스스로는 지극히 작은 자라고 생각하는데 저를 쓰시겠다니요? 하나님이 쓰시겠다고 하셨으니 제가 한번 해보겠습니다."

그런데 사사기 6장 말씀을 잘못 읽으면 이렇게 됩니다. "그래, 기드온처럼 최소한 두 번은 하나님을 테스트해봐야지. 하나님이 보여주시면 그때 해도 늦지 않아."
"하나님, 그 사람이 내게 허락하신 배우자라면 이런 저런 일이 일어나게 해주세요. 그러면 하나님 뜻인 줄 알겠습니다." 우리 이렇게 많이 하잖아요. 이거 조심하셔야 해요.

우리는 이처럼 나 중심적으로 본문을 보는 경향이 있어요. 본문을 바른 방식으로 읽어야 합니다. 잘못된 본문 읽기로는 묵상도 어렵고, 적용도 제대로 할 수 없습니다.

성경이 지속해서 우리에게 가르쳐주는 것이 무엇입니까?

다 확인하고 가려고 하지 말고 믿음으로 하라는 거예요.

가면 보게 된다, 이것을 항상 보여주죠.

그런데 사사기 본문 말씀은 우리로 하여금 반대로 적용하게 합니다. 우리가 본문을 잘못 읽는 사례입니다.

둘째, 부분적으로만 읽고 적용하는 경우.

요한복음 15장 말씀입니다.

"너희가 내 안에 거하고 내 말이 너희 안에 거하면

무엇이든지 원하는 대로 구하라 그리하면 이루리라"(15:7).

읽기를 잘못할 때가 많은 본문 중 하나입니다.

말씀 안의 나, 혹은 제3자로서가 아니라

부분적으로 본문을 볼 때 생기는 일이에요.

말씀을 읽다가 특정 내용이나 단어가 나에게 꽂히는 때가 있어요.

가령, 7절 하단부 말씀이 그렇습니다.

"무엇이든지 원하는 대로 구하라 그리하면 이루리라."

'아, 그렇구나. 무엇이든지 구하면 되는 거구나. 왜 이걸 몰랐지?' 그때부터 무엇이든 구하기 시작합니다. 그리고 그것을 나에게 적용합니다. 하지만 이 말씀에는 조건이 있어요.

"너희가 내 안에 거하고 내 말이 너희 안에 거하면."

이게 조건이에요.

그러니까 내가 그분 안에 없고 그분의 말씀이 내 안에 없으면

무엇을 구해도 안 되는 거죠.

> 말씀을 자기가 원하는 부분만 가져오는 것은 예나 지금이나 조심해야 하는
> 부분이네요. 사람들은 하나님 말씀마저도 자기가 원하는 부분만 가져와서 적
> 용하려고 하니까요.

너희가 내 안에 있다는 말 그리고 내 말이 너희 안에 거한다는 말은
어떤 의미일까요? 요한복음 15장은 포도나무와 가지 비유죠? 포도
나무 예수님께 가지인 우리가 붙어 있어야 한다는 말입니다.

나무로부터 공급받는 힘, 그게 있어야 한다는 뜻이에요. 나무에서
가지를 뚝 떼어놓더라도 얼마 동안은 살아 있습니다. 잎에 남은 수
분이 있어서 일정 시간은 그렇게 가요. 그리고 나무에 열매가 맺혀
있다면 탐스러운 상태로도 얼마간 그대로 있어요.

하지만 시간이 지나면 어떻게 됩니까?

나뭇가지가 마르죠? 잎도, 열매도 마르죠.

생각해보면, 언제 죽은 겁니까?

나뭇가지에서 떨어질 때부터 이미 죽은 겁니다.

우리가 예수님께 붙어 있다는 것 자체가 중요합니다.

예수님께 붙어 있다면 우리가 뭘 구할까요?

주님이 원하시는 걸 구하겠죠?

떨어져 있다면요?

주님이 원하시는 것이 무엇인지 모르니까 내 것을 구하는 거죠.

그러니까 내가 주님과 연결된 인생을 살 때 주님은 나와 다른 걸 원하심을 금방 알아차립니다. 그럴 때 내 기도는 바뀝니다.

주님이 원하시는 기도를 드리고 하나님의 뜻을 구하는데

어떻게 하나님이 그것을 이루시지 않을 수 있을까요?

말씀에서 7절 하반절만 떼서 보면 잘못된 읽기로 시작하고 묵상의 결과가 이상해집니다. 내가 구해야 할 것은 무엇인가? 리스트를 작성하게 되고요.

우리가 주님 안에 주님의 말씀이 우리 안에 있으면, 내가 원하는 걸 구하는 게 아니라 그분이 원하시는 것을 구하게 됩니다. 즉, 묵상하면서 주님이 원하시는 것이 무엇이고, 내가 바라는 것은 무엇인가? 이것이 분리되어야 하는 거죠.

위와 같은 사례가 또 있습니다.

빌립보서 4장 말씀입니다.

"내게 능력 주시는 자 안에서 내가 모든 것을 할 수 있느니라"(빌 4:13).

이 말씀만 보면 나에게 능력 주시는 하나님 덕분에 무엇이든지 해내는 능력의 사람이 될 것처럼 읽을 수 있어요. 그런데 본문 앞의 내용을 보면 전혀 그런 뜻이 아니에요.

빌립보서 4장 11-12절 말씀입니다.
"내가 궁핍하므로 말하는 것이 아니니라 어떠한 형편에든지 나는 자족하기를 배웠노니 나는 비천에 처할 줄도 알고 풍부에 처할 줄도 알아 모든 일 곧 배부름과 배고픔과 풍부와 궁핍에도 처할 줄 아는 일체의 비결을 배웠노라."

이 말씀을 연결해서 보면, 무엇이든지 해낼 수 있는 능력의 사람에 관한 것이 아니라, 어떠한 상황에서도 감사하며, 상황을 견디는 사람이 되어간다는 내용입니다. 연결해서 읽는 것과 따로 떼어 읽을 때는 전혀 다른 의미가 됩니다.

셋째, 본문의 메시지를 잘못 이해하는 경우.

예수께서 기도에 관해 주신 말씀인데 누가복음 18장 1-8절입니다.
한 불의한 재판관이 있는데, 이 재판관이 해결해줘야 하는 뭔가를 과부가 매일 가서 호소합니다. 그래서 재판관은 어떻게 해요? 이 사람이 맨날 와서 괴롭게 하는 게 끔찍해서 과부가 이야기한 내용을 들어주려고 생각하죠. 그러면서 이렇게 말씀하셨어요.

"하물며 하나님께서 그 밤낮 부르짖는 택하신 자들의 원한을 풀어주지 아니하시겠느냐?"(7). 그러니까 밤낮 부르짖으면 들어주신다는 거죠. 그래서 보통은 들어주실 때까지 기도하라는 내용으로 마무리됩니다.

우리는 이런 주장을 다시 한번 들여다봐야 합니다.

정말 주님은 포기하지 않는 기도를 들어주시는 분인가?

여러분, 자녀들이나 가족이 끊임없이 요구하면 들어주시나요? 그런 게 있긴 하죠? 내가 들어주지 않으면 안 되는 바른 거! 그건 그렇게 해줘요.

반면 아무리 들어도 '아, 이건 아닌데'라는 건 어떻습니까? 절대로 안 해줍니다. 본문에서 중요한 게 있어요. 이 재판장은 불의한 사람이에요. 하나님도 없고 자기가 신(神)인 사람이에요.

그런데 매일 누군가가 피켓 들고 1인 시위한다고 마음이 움직일까요? 그렇지 않습니다. 매일 와서 누가 떠드는 건 신경도 안 쓰는 사람이에요. 하나님도 두려워하지 않는데 과부가 매일 와서 이야기한들 무슨 변화가 있겠어요?

본문을 보면 이 재판관이 매일 들었던 것 때문에 지친다고 합니다. 가만히 두면 계속 괴롭게 할 거라고 말합니다.

이게 무슨 뜻일까 생각해야 해요. 과부가 매일 와서 말한 내용은 하나님을 두려워하지 않고 사람을 무시하는 재판장이 들어도 맞는 말이었어요. 아, 그래. 저 말은 맞지, 라고 생각되는 말이었습니다. 그러니까 과부가 매일 왔다는 게 우선이 아닌 거예요. 매일 와서 말한 내용이 불의한 그가 들어도 맞는 말이었던 거죠! 그랬을 때 불의한 재판관이 움직인 거예요.

"하물며"라고 하셨죠? 매일 가지고 와서 하나님께 드리는 그 기도 내용이 바르다면 하나님은 불의한 분이 아니시기에 그것을 더욱 빨리 들어주시지 않겠느냐? 이 말이에요.

다시 1절로 가볼까요?
항상 기도하고 낙심하지 말아야 할 것을 말씀하셨잖아요. 사람이 기도하면서 왜 낙심하고 기도를 멈출까요? 네, 그렇습니다. 바른 것을 구하지 않기 때문입니다. 바른 것이 아니라 내가 원하는 것을 구해서 그래요. 내가 원하는 것이 하나님이 인정하는 것이라면 얼마나 좋을까요?

제자들을 생각하셔야 해요. 예수님과 함께 다니면서 그들이 구했던 게 뭡니까? 자리잖아요. 하나님 보시기에 바른 것이었나요? 그렇지 않죠? 그러니까 안 주십니다. 이걸 기억하셔야 해요. 기도는 모든 문을 여는 만능 키가 아니에요. 물론 하늘 문을 여는 기도도 있습니다. 하나님의 관점으로 하나님이 보실 때 바른 것이 그러합니다.

기도에 관해 우리가 잘못 생각하는 것이 많아요. '하나님이 보실 때 바른 것이 아니라도 끈질기게 기도하면 들어주셔. 그러니까 이 여자처럼 끈질기게 기도해야 해.' 이런 걸 강조하는 거예요. 하지만 본문에서 끈질기게 찾아가 기도한 것보다 더 중요한 게 있어요.
그녀가 끈질기게 찾아가서 말한 내용!
불의한 재판관이 들어도 지당한 말.
하나님을 두려워하지 않는 사람이 들어도 맞는 말.
사람을 철저하게 무시하며 자기가 하나님인 사람이 들어도 맞는 말.

물론 하나님은 그런 분이 아니기 때문에, 이 바른 기도의 내용을 가지고 매일 주님 앞에 나오는 사람의 기도를 어찌 속히 신원해주시지 않겠어? 이렇게 말씀하시는 거죠.

그럼, 이 기도는 끈기 있게 기도하라는 의미보다는 먼저 내 기도의 내용을 돌아보라는 말씀이겠네요?

네, 정확히 봤어요.
본문을 잘못 읽으면 여인처럼 끈질기게 가서 얘기해도 된다고 생각합니다. 하나님이 보실 때 바르지 않은 것을 끈질기게 가서 기도할 뿐이죠. 하나님은 선하신 분이시기에 안 들어주세요. 그럼, 낙심하여 스스로 시험에 빠집니다. 기도하면 들어주신다고 했는데, 반응이 없으면 하나님을 원망합니다.

하나님이 우리에게 원하시는 삶의 내용이 있습니다. 우리에게 바라시는 기도의 내용이 있어요. 그것을 잘 살펴보셔야 합니다.
간혹 우리는 이런 생각을 합니다. '하나님, 저 사람의 기도는 들어주시면서 왜 제 기도는 듣지 않으십니까?'
하나님이 그 사람만 예뻐하시는 걸까?
그렇지 않습니다. 때가 되면 우리의 기도를 바꾸어가세요.
하나님께서 내 간구를 점점 바꾸어가시고 나를 성장시키시죠.
나중에는 그 기도 들어주시지 않아도 괜찮은 나로 바꾸어주십니다.

내가 기도한 대로 되었다가 그대로 신앙 간증이 되면 곤란해집니다. 돌이켜보니 내가 구했던 게 잘못된 거였어요. 그거 안 들어주신 게 나에게 얼마나 좋은 일인지 몰라요. 오히려 그런 고백을 할 수 있는 만큼 성숙해진 것을 간증해야 합니다.

아이들은 부모가 이것저것을 해줬다고 자랑해요.
그러다가 아이가 크면 무엇을 자랑할까요?
내가 홀로 해내도록 하신 부모를 자랑하죠? 혼자 시행착오를 겪어가면서 성장하도록 격려해준 부모를 자랑합니다.
우리는 이런 방식으로 성장해가야 합니다.

한 가지 기도 제목으로 오래 기도할 때, 낙심할 때가 많아요.

내 눈에 오랜 기간 결과가 보이지 않으면 어떤 생각이 들어요?

'하나님은 정말 계시나? 이게 다 무슨 소용인가?'

이 생각이 드는 거죠.

그래서 낙심하게 되고요. 낙심하면 기도를 멈춥니다.

기도를 멈추면 의심하고 회의에 빠지고요.

그러면 결국 신앙이 흔들립니다.

결국, 기도할 때 낙심하고 실망하지 않도록 하신 것은

사람이 기도를 멈추지 않고 계속 할 수 있도록 하신 거였습니다.

그러므로 "하물며 하나님께서…" 이게 중요합니다.

저렇게 불의한 사람도 과부가 간구하는 내용이 옳으니까 들어주지

않는가? 하물며 하나님은 선하시지 않는가?

"네가 하나님 앞에 찾아와 날마다 간구하고 기도하는 내용이 바르

다면 어찌 하나님께서 들어주시지 않겠는가?"

이처럼 내용을 더 읽어보고 깊이 살펴야 하는 본문이 있습니다.

정리할까요?

읽기만 잘해도 큐티는 잘 풀립니다.

많은 분이 묵상을 어떻게 할까를 많이 고민하시는데

추천하는 건 기도를 짧고 진지하게,

내가 주님 앞에 드릴 수 있는 아주 진중한 기도를 드리고요.

그다음에 읽기에 신경 쓰면 묵상으로 자연스럽게 연결될 확률이 높습니다.

우리가 큐티를 시작하고, 날마다 하기 위해 필요한 것은 천천히 읽으면서 재료를 읽어내는 일입니다.

말씀이 삶을
통과하게 하라

큐티에는 결코 마르지 않는 7가지 유익이 있습니다.

이 책을 정리하는 차원에서 지금까지 나온 이야기를 모아서 소개하겠습니다.

첫 번째, 하나님의 관점으로 보는 눈이 생겨요.

세상에 대한 여유, 사람에 대한 여유 그리고 자신감이 생깁니다.

"주의 법을 사랑하는 자에게는 큰 평안이 있으니 그들에게 장애물이 없으리이다"(시 119:165).

주님의 법을 사랑하는 자에게 진짜 장애물이 없나요? 하나님을 신실하게 사랑하고 양심을 다해 살아가는 사람이 많습니다. 장애물 없는 인생, 열린 대로(大路)의 인생을 산다는 게 아닙니다. 남부럽지 않게 살아가는 인생을 봐도 장애물이 있지요.

그러면 이 말씀은 도대체 어떤 의미일까요? 장애물이 있는데, 그 장애물이 그에게는 장애물로 보이지 않는 거죠. 이게 중요합니다. 그것은 질병일 수도 있고, 관계의 어려움일 수도 있습니다. 경제적인 어려움일 수도 있고요. 아직 하나님의 약속이 실현 중일 수도 있습니다. 원하지 않았지만 어떤 사건에 휘말리게 되었을 수도 있습니다. 내가 원인을 제공하지 않은 시련일 수도 있어요. 이 모든 것이 인생의 장애물처럼 다가오죠.

그런데 그것이 더 이상 내 인생을 망가뜨리는 장애물로 보이지 않는 거예요. 그래서 그 일에 대한, 그 사람에 대한, 그 사건에 대한, 나에 대한 어떤 여유와 자신감이 생깁니다. 이게 바로 큐티하는 사람에게 생기는 "하나님의 눈, 하나님의 관점"입니다. 같은 것을 보는데 다르게 볼 수 있는 무언가가 생기는 것이죠.

그러므로 중요한 것이 있습니다.
큐티를 하면 할수록 우리에게 무엇이 생기는가?
하나님 아버지의 관점이 생깁니다.
하나님 아버지의 시각이 생깁니다.

하나님 아버지의 눈이 생깁니다.

세상은 우리에게 말합니다.
세상을 보는 눈을 가져라.
성공하고 잘살려면 세상에 눈을 떠라.
물론 어느 정도는 필요합니다. 세상을 향한 지혜도 있어야 합니다.
하지만 우리는 성도와 교회입니다. 성도와 교회가 세상을 살아가면서 그저 세상의 눈만 있으면 안심일까요? 아닙니다. 세상을 보시는 하나님의 눈이 절실히 필요하죠. 이것을 갖는 가장 좋은 방법이 큐티입니다.

두 번째, 하나님의 음성을 듣는 겁니다.

성경을 보면 많은 사람이 하나님의 음성을 직접 듣습니다.
기록된 성경이 없어서 그랬습니다.
지금 이 시대는 하나님이 직접 말씀하시는 시대는 아니지요.
지금은 기록된 성경이 우리 앞에 있습니다. 하나님은 이제 기록된 성경과 말씀 선포를 통해 당신의 뜻을 들려주십니다.

내가 직접 하나님 앞에, 하나님 말씀 앞에 서서 주님의 음성을 들을 수 있고요, 그것이 중요합니다. 그러므로 이 하나님의 음성을 듣는 방법을 익혀야 합니다. 그가 들은 말씀이 아니라 내가 들은 말씀.

이것을 발견하고 듣는 연습을 해야 하겠지요?

가장 확실한 것은 기록된 말씀을 통해 내게 들려주시는 하나님 말씀을 내가 직접 듣는 거죠. 하나님이 그에게도 말씀하시면 나에게도 말씀하셔야죠.

세 번째, 영적인 분별력이 생깁니다.

우리는 무언가를 선택할 때 고민합니다. 크게는 둘 중 하나입니다.
이것을 해야 할까, 저것을 해야 할까.
성경도 크게는 두 가지를 알려준다고 했지요.
무엇 무엇을 하라, 무엇을 하지 말라.

큐티가 주는 유익 중에는 내가 해야 할 것과 하지 말아야 할 것에 대한 선이 분명해진다는 부분이 있습니다. 매일 말씀을 보면서 하나님이 그날그날 나를 어떤 말씀으로 어떻게 인도해가시는가에 관한 패턴 같은 게 구체적으로 생깁니다. 그 패턴을 유심히 관찰하면 하나님이 원하시는 것이 무엇인가를 분별하게 되죠.

사람들은 '영적인 분별력'을 신비의 영역에서 일어나는 일로 여깁니다. 하지만 사실 영적인 분별력은 현실세계와 가장 밀착되어 있습니다.

예를 들어볼까요? 제가 지금 목회자로서 큐티에 관한 내용으로 글을 쓰고 있는데요, 사람들이 못 보는 곳에서 제가 전혀 다른 모습으로 살아간다면 저는 과연 영적인 사람일까요?

그렇지 않죠. 사람들에게 보이는 모습과 그렇지 않을 때의 모습이 확연히 다르다면 그는 영적인 사람이 아닙니다.

가장 영적인 것과 가장 현실적인 것은 이처럼 맞붙어 있어요.
그래서 영적인 것을 신비의 세계에서만 찾으시면 안 됩니다.
내가 오늘 어떤 선택과 어떤 결정을 구체적으로 하는가?
내가 어떤 말을 구체적으로 하는가?
내가 어떤 행동을 구체적으로 하는가?
여기에 영적인 분별력이 담겨 있습니다.

현실 세계와 기독교 세계관 안에 있는 초월과 신비의 세계를 잘 구분해야 합니다. 물론 신비와 초월의 세계는 존재하지만 우리가 분명히 알 수는 없어요. 따라서 우리가 '영적'이라고 부르는 것은 바로 현실 세계에서 증명해야 합니다.

그리스도인으로서 어떤 말을 해야 하는가?
그리스도인으로서 어떤 태도를 보여야 하는가?
그리스도인으로서 어떤 것을 선택해야 하나님이 기뻐하실까?
이런 일을 확실히 알아차리고 제대로 처신할 때 영적 분별력이 있다고 말합니다.

네 번째, 내적 치유와 자아상 회복입니다.

말씀을 읽어가면 갈수록 나를 치료하시고 온전케 하시고 회복하시는 하나님을 깊이 만납니다. 이것이 큐티에서 아주 귀한 점이에요. 오랫동안 치료받아야 할 병일수록 의사를 자주 만나야 합니다. 병원에 자주 가야 해요. 약을 꾸준히 먹어야지 한 방에 해결되지 않아요. 마음에 깊은 상처가 있는 사람도 오랫동안 규칙적으로 말씀을 만나야 합니다. 그래야 내면이 온전히 회복됩니다.

하나님이 나를 사랑하시는데 의외로 자기 자신을 사랑하지 못하는 사람이 너무 많습니다. 내가 나를 응원하지 않는데 누가 나를 격려할까요? 이것을 곰곰이 생각해봐야 해요.

다섯 번째, 기도 훈련이 됩니다.

묵상을 시작하기 전에 기도하고, 마친 뒤 기도하고 실천하잖아요. 그리고 나누면서 서로 기도하게 되잖아요. 이처럼 큐티는 자연스럽게 기도와 연결됩니다. 주님께서 디모데전서 4장에서 말씀과 기도로 거룩해진다고 하셨습니다.
말씀과 기도로 거룩해지는 과정이 큐티 안에 담겨 있죠. 그래서 기도 없이 큐티가 될 수는 없고요, 또 말씀 없이는 큐티를 할 수 없죠?
그러므로 큐티할수록 기도의 사람이 되어 갑니다.

여섯 번째, 순종 훈련이 됩니다.

입으로 하는 순종이 아니라 몸으로 하는 훈련입니다. 우리가 성경을
갖고 다니면서 자기가 읽은 것을 보여주진 않죠. 몸으로 보여줘야
합니다. 개인적으로는 이것이 제일 좋은 유익이라고 생각합니다.

내가 지나간 자리에 주님의 향기가 나오면 얼마나 좋겠습니까?
그렇게 되려면 내가 예수님처럼 되어야 하지요.
'아, 그 말, 예수님이 하신 말씀 같은데?'
'그 생각, 그 판단, 그 결정, 예수님이 하신 거랑 비슷하네….'
이것을 내가 아니라 누군가가 대신 말해줘야 합니다.
내가 말하면 자기 자랑이 되겠죠?

곰곰이 생각해봅니다.
우리가 천국 문 앞에 섰을 때, 어떻게 살다 왔느냐고 물어보시면
나는 뭐라고 대답할 수 있을까?

성경을 열심히 읽다가 왔습니다.
열심히 기도하다 왔습니다.

열심히 복음 전하다가 왔습니다.
다 칭찬받을 만한 일이지요.

그렇지만 제 생각에 하나님이 가장 기뻐하실 고백이 뭐냐면
"주님 말씀대로 살다 왔습니다" 이것입니다.
가장 좋은 방법은 날마다 하나님이 내게 주신 말씀을 적용하는 거
죠. 순종 연습을 하는 겁니다.

일곱 번째, 하나님의 성품을 갖게 됩니다.

좋아하는 사람을 자주 만나고, 많이 알게 되면, 어떻게 되죠?
닮아갑니다. 말도 따라 하고, 옷 입는 것도, 식성도 비슷해집니다.
그래서 부부가 서로 닮는 겁니다.

하나님을 자주 만났다고 하면서 하나님과 닮은 구석이 없다?
그러면 자주 만난 게 아닙니다.
성전 뜰만 왔다 간 것이고, 지성소에는 들어가본 적이 없는 거죠.

많은 사람이 예배를 드리러 오지만, 그저 예배당만 왔다 갑니다.
안에 계신 하나님은 만난 적이 없는 거죠.
여기에 대해 우리가 좀 생각할 부분이 있습니다.
하나님은 우리에게 교회가 '되라'고 말씀하셨습니다.

교회는 하나님이 어떤 분이신지를 보여주는 곳이어야 합니다. 그런데 우리는 이 교회당 건물 안에서 그걸 해야 한다고 생각해요. 그렇지 않습니다. 하나님이 우리에게 진정 원하시는 것이 무엇일까 생각해봐야 합니다.

교회에 다니는 사람이 되기를 원하시는가? 아니면 교회가 되기를 원하시는가?

하나님을 오래 믿었는데 그분의 성품이 전혀 안 보이는 사람이 있습니다. 하나님을 오래 믿어왔는데 하나님이 사용하시는 언어가 없는 사람이 있어요. 하나님을 오래 예배해왔는데 그분의 눈빛, 하나님의 손, 그런 게 없는 사람이 굉장히 많죠? 이걸 나에게 적용해야 해요. 주님과 시간을 오래 보내면 보낼수록 나도 주님을 닮아가야죠? 완전하진 않지만, 큐티가 그런 역할을 합니다. 큐티의 7가지 유익으로 우리 인생이 더욱 풍성해졌으면 좋겠습니다.

〈큐티저널〉의 유익과 구체적인 작성법

개인적으로 하나님과 친밀하게 교제한 후, 말씀을 삶에 적용한 것을 공동체에서 함께 나누면서 유익은 배가됩니다. 각자가 경험한 하나님 은혜가 모두 다르기 때문에 개인이 받은 은혜를 함께 나누는 것만으로도 은혜가 더 커지기 때문입니다.

또한 큐티와 함께 실천한 바를 점검할 수 있으므로 자기 영혼을 다듬고 자라게 하는 데 유용하게 사용할 수 있습니다. 일반적으로 다음과 같은 내용으로 구성하면 정리가 쉬워집니다.

1) 본문 정리

그날 읽은 본문을 간단하게 정리하면서 핵심 내용을 숙지합니다. 그렇게 해야 본문 내용을 크게 벗어나지 않고 묵상할 수 있습니다.

2) 나에게 주시는 말씀 [묵상]

간단한 내용 정리를 바탕으로 나에게 임한 하나님 말씀이 있다면 그것을 적어두고, 깨달음을 간략하게 기록합니다.

3) 오늘 할 일 [적용]

오늘 나에게 주시는 말씀에서 건져 올린 적용점을 구체적으로 적어봅니다.

4) 오늘의 기도

큐티를 마치면서 오늘 본문에서 주신 말씀을 중심으로 간략한 기도문을 적습니다.

5) 오늘 실천한 일

하루 삶을 마무리하면서 실천했던 내용을 적어보고, 점검하며 반추합니다.

20××년 9월 15일   출애굽기 15:13-21

본문 정리	홍해를 마른 땅처럼 건넌 이스라엘 백성과 홍해에 수장된 바로와 애굽 군대를 본 이후, 이스라엘 백성은 하나님을 찬양합니다. 모세와 이스라엘 백성의 찬양이 끝난 후 미리암과 여인들의 찬양이 계속됩니다.
나에게 주시는 말씀	"주의 인자하심으로 주께서 구속하신 백성을 인도하시되 주의 힘으로 그들을 주의 거룩한 처소에 들어가게 하시나이다"(13). 이스라엘을 향한 하나님의 태도, 첫 번째는 "인자하심" 이스라엘을 향한 하나님의 태도, 두 번째는 "힘" 하나님은 사랑하시는 자를 위해 당신의 힘을 쓰십니다. 이 사랑과 힘으로 하나님은 이스라엘을 가나안으로 들어가게 하십니다. 출애굽과 홍해 사건은 하나님 사랑의 완성이 아니라 시작입니다.
오늘 할 일	홍해 앞에서 하나님을 원망했던 이스라엘 백성이 지금은 찬양하고 있습니다. - 오늘 어떤 상황에도 찬양하기 (찬양곡 선정) - 하나님은 사랑과 힘을 주시는 분이기에 낙심하지 않기 - 원망과 불평거리를 찬양과 감사로 바꾸실 하나님 신뢰하기
오늘의 기도	사랑하는 주님, 오늘도 하나님의 사랑과 힘을 덧입는 하루를 살게 하소서. 오늘 어떤 상황을 만나도 내 입에 찬송이 있게 하소서. 나에게 사랑과 힘을 주시는 하나님이 계시기에 낙심하지 않게 하소서. 원망과 불평을 찬양과 감사로 바꾸실 하나님을 신뢰하겠습니다.
오늘 실천한 일	화나고 낙심되는 일이 있었는데, 그 순간 찬양 가사를 떠올리며 원망의 말 대신 감사의 고백을 할 수 있었습니다.

〈예시 2〉

20××년 9월 16일   출애굽기 15:22-27

본문 정리	홍해를 지나 수르광야로 간 지 3일이 되었습니다. 물이 없어 곤란한 상황 중에 마라를 발견했지만 물이 써서 도저히 먹지 못합니다. 이때 백성은 모세를 찾아와 원망했고, 모세는 기도하기 시작합니다. 하나님께서 모세에게 보여주신 나뭇가지를 넣으니 마실 수 있는 상태가 되었습니다. 거기에서 떠나 엘림에 도착하였습니다.
나에게 주시는 말씀	"백성이 모세에게 원망하여 이르되 … 모세가 여호와께 부르짖었더니"(24,25). 백성도 모세도 모두 물을 얻지 못한 상태인데, 백성은 원망하고 모세는 기도합니다. 하나님은 백성의 원망이 아니라 모세의 기도에 응답하십니다.
오늘 할 일	상황과 환경은 동일한데 백성과 모세의 반응은 달랐습니다. - 상황과 환경이 나빠진다고 쉽게 원망하거나 불평하지 않기 - 오히려 그 문제를 가지고 모세처럼 하나님께 나아가 기도하기
오늘의 기도	주님, 원망에는 응답이 없지만, 기도에는 응답이 있음을 알았습니다. 원망하는 백성을 통해 물을 주신 것이 아니라 기도하는 모세를 통해 물을 주셨습니다. 기도하는 한 사람이 되겠습니다. 하루를 살아가면서 내 삶의 어려움을 원망과 불평으로 만들지 않겠습니다.
오늘 실천한 일	쉽게 원망하거나 불평하지 않기 위해 짧은 기도문을 만들어서 계속 사용했습니다. "주님, 내 눈에 원망이 없게 하시고 내 입에 불평이 없게 하시고 내 마음에 감사가 있게 하소서." → 생각보다 도움이 되었습니다.

〈예시 3〉

큐티저널

20××년 9월 17일   출애굽기 16:1–10

본문 정리	엘림을 떠나 신광야로 들어갑니다. 출애굽 후 한 달 정도가 된 즈음이었습니다. 먹을 것이 바닥나 굶어야 할 처지였습니다. 이스라엘 백성은 다시 모세와 아론을 원망하고, 하나님은 이것을 당신을 향한 원망으로 들으십니다. 놀랍게도 하나님은 이들에게 만나와 고기를 주시겠다고 약속합니다.
나에게 주시는 말씀	"… 배불리 먹던 때에…"(3). 본문에 나오는 이스라엘 백성은 3가지를 합니다. 원망, 비교, 과장
오늘 할 일	- 원망하지 않기 - 비교하지 않기 - 과장하지 않기
오늘의 기도	사랑하는 주님, 오늘 하루를 살아가면서 어떤 상황과 환경이 펼쳐져도 원망하거나, 비교하고, 과장하는 사람이 되지 않도록 함께하여 주소서. 제 마음과 생각과 입술을 지켜주소서.
오늘 실천한 일	오늘 비교하지 않으려고 노력을 많이 했지만 계속 무너지는 하루를 살았습니다. (집 문제, 자녀의 학교 성적 문제 …)

큐티저널

20××년 10월 15일   시편 1:1-6

본문 정리	복 있는 사람은 세 가지를 피합니다. 악인의 꾀, 죄인의 길, 오만한 자의 자리(1). 복 있는 사람은 두 가지를 합니다. 율법을 즐거워하고, 주야로 묵상하기(2). 복 있는 사람은 시냇가에 심은 나무와 같습니다(3). 복 없는 사람은 바람에 날리는 겨와 같습니다(4). 복 없는 사람의 끝은 심판입니다(5). 복 있는 사람은 하나님께서 인정하십니다(6).
나에게 주시는 말씀	"율법을 즐거워하고 … 주야로 묵상하는도다"(2). 하나님 말씀을 기준으로 삼는 것이 기쁨이 되고, 그 말씀을 낮이나 밤이나 계속 생각하는 것, 이것이 진정한 복임을 잊지 않게 하소서.
오늘 할 일	내가 복 있는 사람이 되기 위해 - 말씀을 가까이하는 것을 즐거워하겠습니다. - 하나님 말씀을 암송하겠습니다.
오늘의 기도	사랑하는 주님, 하나님 말씀을 즐거워하고 늘 생각하는 것이 복임을 알게 해주셔서 감사합니다. 이미 주신 복을 복으로 여기며, 누리는 삶을 살게 하옵소서.
오늘 실천한 일	시편 1편 1-3절 말씀 암송을 위해 손으로 적은 카드를 가지고 계속 노력하였고 저녁 때쯤 다 암송하게 되어 가족 앞에서 암송하고 점검을 받았습니다.

20xx년 10월 16일   시편 2:1–12

본문 정리	세상 군왕과 관원이 하는 일: 분노, 헛된 일, 대적(여호와와 그의 기름 부음 받은 자), 관계를 끊자(1-3). 하나님의 반응: 비웃음(4), 진노(5), 왕을 세우심(6) 이를 보는 사람들에게 하나님께서 하신 말씀: 너는 내 자녀(7) 내게 구하라(8), 부수고, 깨뜨릴 것이다(1-3절 사람) 세상 군왕과 관원에게 하시는 말씀: 지혜를 얻고, 교훈을 받고, 하나님을 섬기라(10-11). 나의 왕에게 충성하라(12). 하나님께 피하는 사람이 복되다(12).
나에게 주시는 말씀	"그들을 비웃으시리로다"(4) 하나님께 비웃음 당하는 사람이 되지 맙시다. 그렇게 하려면 헛된 일을 하지 않고, 계속 관계를 유지해야 합니다.
오늘 할 일	- 하나님께 헛된 일이 아닌 의미 있는 일을 하겠습니다. - 하나님과의 관계를 계속해서 친밀하게 유지하겠습니다.
오늘의 기도	사랑하는 주님, 나를 보시고 미소 지으실 수 있는 오늘 하루 살고 싶습니다. 어제보다 더 주님과 가까워지도록 인도하소서.
오늘 실천한 일	하나님이 웃으시는 일과 비웃으시는 일이 사람에게는 반대로 비웃을 일과 웃을 일이 된다는 아이러니를 경험하는 날이었습니다. 하나님께 좋게 할지 사람에게 좋게 할지 고민이 깊은 하루였습니다.

북큐레이션 • 삶 속에서 깊은 은혜를 느낄 수 있는 pass over 의 책

《말씀이 임하는 사람》과 함께 읽으면 좋은 책. 오늘도 내 안에, 내 삶에 임하시는 하나님 말씀을 삶으로 바꾸어가는 그대에게 어울리는 책을 소개합니다.

하나님 관점에서
인생 시나리오
다시 쓰기

흔드시는 하나님 세우시는 하나님

박종렬 지음 | 13,800원

세상의 딥 체인지(Deep Change)!
인생의 전환점 앞에서 하나님 음성 듣기

하나님의 사람에게 고통은 실로 은총의 통로다. 고통을 통해 자기를 제대로 알게 되고, 지금까지의 삶의 태도와 마음가짐을 바꾸어 '위대한 전환점' 앞에 서기 때문이다. 이 책은 흔들리는 내 인생을 총체적으로 점검하려는 성도에게 생각할 거리를 던져준다. 내가 만난 고난을 오히려 인생의 패러다임을 바꾸는 계기로 삼고, 흔들리지 않는 하나님의 관점에서 삶을 새롭게 재편하려는 성도들에게 맞춤형 묵상을 제공할 것이다. 본질만 남고, 모든 것이 흔들리고 변화하는 이 시대, 위대한 전환을 준비하시는 하나님의 계획에 귀를 기울여보자.

어떤 상황에도
흔들리지 않을
성경적 프레임

프레임 수업

이광배 지음 | 14,000원

그리스도인이 반드시 갖추어야 할 성경적 세계관 입문서
코로나19 이후 이 땅에서 하늘의 것을 누리며 사는 법

《프레임 수업》은 신학자가 아닌 평신도 관점에서 성경적 세계관(프레임)을 요약하고 정리했다. 성경을 뼈대에 맞게 '창조, 타락, 구속, 하나님 나라' 프레임으로 구분한 다음, 하나씩 이해할 수 있도록 구성해 성경적 세계관에 대해 명료하게 깨닫도록 했다.

이 책은 처음 성경을 대하는 새신자와 평신도에게는 '성경의 핵심'을 요약해주고, 오랫동안 교회를 다녔더라도 성경 전체를 자신의 관점에서 묵상해보지 않은 사람들에게 '성경적 뼈대'를 든든히 세울 수 있도록 도와줄 것이다. 또한 인생의 광야 속에 홀로 서 있을 때 견고한 신앙의 프레임을 갖출 수 있도록 신앙의 매뉴얼 역할을 한다.

과학, 창세기의 우주를 만나다

제원호 지음 | 14,000원

갑론을박이 팽팽한 과학과 기독교,
그 사이에서 명쾌하게 해답을 내리다

우리에게 너무나 익숙한 '빅뱅 이론'은 현재까지 우주의 탄생을 설명하는 가장
대중적인 이론이다. 그러나 신학자들은 성경이 말하는 하나님의 창조를 통해 6
일 동안 세상이 만들어졌다고 한다. 이 두 집단의 주장 대립은 오랜 시간 동안
지속되어 왔다. 이 책은 기독교인과 과학인 사이에 일어나는 논쟁들 가운데 대
표적인 부분을 연구해, 과학적으로 이해할 수 없던 성경의 창조 원리를 논리적
으로 설명했다. 오랫동안 과학자로서 신앙을 연구해온 제원호 교수의 논리적인
설명을 차근차근 읽어가다 보면, 상호 보완하는 두 이론을 이해하게 될 것이다.

2020년
세종도서
선정

WELOVE FOREVER 위러브 포에버

위러브 크리에이티브팀 지음 | 16,000원

15만 팔로워, 유튜브 조회수 3,600만 뷰!
WELOVE, 가장 힙한 크리스천 문화를 선도하다

《공감하시네》, 《시간을 뚫고》 등 발매하는 곡마다 멜론, 지니뮤직 등 음악 사
이트 CCM 장르를 석권해, 요즘 10대, 20대 크리스천들에게 가장 뜨거운 팀,
WELOVE가 책을 출간했다! WELOVE가 가지고 있는 콘텐츠를 더욱 많은 사람
들과 나누기 위해 만든 책 《WELOVE FOREVER》는 그동안 많은 사랑을 받았
던 WELOVE의 찬양과 메시지, 공개되지 않은 새로운 메시지 그리고 톡톡 튀는
WELOVE 감성 가득한 팬페이지까지 담았다. 특별히 WELOVE가 주는 감동을
더욱 깊게 느끼고 싶다면 이 책을 소장하길 강력 추천한다!

청년 크리스천의
마음을 사로잡은
WELOVE 스토리.